독서 고수들의
독서법을
훔쳐라

독서 고수들의
독서법을
훔쳐라

초판 1쇄 인쇄 | 2020년 9월 10일
초판 1쇄 발행 | 2020년 9월 17일

지은이 | 이성열
펴낸이 | 박영욱
펴낸곳 | (주)북오션

편 집 | 이상모
마케팅 | 최석진
디자인 | 서정희·민영선

주 소 | 서울시 마포구 월드컵로 14길 62
이메일 | bookocean@naver.com
네이버포스트 | post.naver.com/bookocean
전 화 | 편집문의: 02-325-9172   영업문의: 02-322-6709
팩 스 | 02-3143-3964

출판신고번호 | 제313-2007-000197호

ISBN 978-89-6799-549-2 (93190)

이 도서의 국립중앙도서관 출판예정도서목록(CIP)은 서지정보유통지원시스템
홈페이지(http://seoji.nl.go.kr)와 국가자료공동목록시스템
(http://www.nl.go.kr/kolisnet)에서 이용하실 수 있습니다.
(CIP제어번호: CIP2020033827)

나는 어떻게 독서치에서 독서광이 되었나?

독서 고수들의
독서법을
훔쳐라

이성열 지음

북오션

독서법, 훔쳐서 내 것으로 만들어라!

"생활 속에 책이 없다는 것은 햇빛이 없다는 것과 같으며,
지혜 속에 책이 없다는 것은 새에 날개가 없다는 것과 같다."
– 윌리엄 셰익스피어 –

세상에는 두 부류의 사람이 있다. 책을 읽는 사람과 읽지 않는 사람이다. 필자는 두 부류 중 후자였다. 필자는 어릴 적 독서를 하기 열악한 환경에서 자라 아예 책을 읽지 못했다. 그래서인지 성인이 되어서도 책을 읽지 않았다. 책과 완전히 담을 쌓고 살았다. 오죽하면 책을 냄비 받침대로 쓰는 것으로 여겼을까. 그런데 지금은 1년에 200권 이상 책을 읽는 사람이 되었다. 게다가 책을 내기도 했다. 필자에게 대체 무슨 일이 일어난 걸까?

독서치(讀書痴)였던 필자는 육십 가까운 나이에 책을 읽기 시작했다. 직장에서 퇴직 2년을 앞둔 때였다. 육십에 퇴직하면 뭘 하나? 이런 고민을 하다가 어느 날 무엇에 홀린 듯 책 한 권을 잡았다. 그 책이 바로 다치바나 다카시의 《나는 이런 책을 읽어 왔다》였다. 이 책을 읽고 내가 모르는 것이 너무 많다는 것을 깨달았다. 지금까지 몰랐던 '지적 호

기심'에 눈을 뜬 것이다. 이를 계기로 필자는 책을 읽기 시작했다.

그때부터 닥치는 대로 책을 읽었다. 하지만 무조건 읽는다고 독서가 되는 게 아니었다. 다시 말해 글자를 읽을 줄 안다고 책이 읽히는 게 아니었다. 워낙 독서력이 부족해 읽는 속도가 느리고 이해도 되지 않았다. 독서를 하는 게 아니라 글자를 세고 있었다. 간단한 책 한 권 읽는 데 몇 주가 걸리고, 읽고 나선 아무것도 남는 게 없었다. 심지어 무슨 책을 읽었는지 제목조차 생각나지 않았다. 독서법을 모르고 무턱대고 읽었기 때문이다.

이런 어려움을 겪으면서 필자는 독서 고수들은 어떻게 책을 읽는지 궁금해졌다. 그래서 독서 고수들이 쓴 독서법 책을 읽으면서 연구했다. 얼마나 독서법을 알고 싶었던지 읽을수록 그들의 독서법에 빠져들었다. 그렇게 읽은 책이 300권이 넘는다. 책을 읽으면서 그들의 독서법을 벤치마킹했다. 처음에는 무조건 고수의 독서법을 그대로 따라 했다. 그랬더니 필자에게 맞는 것도 있고 그렇지 않은 것도 있었다. 그중에서 필자에게 맞는 것만 골라서 내 것으로 만들었다. 이렇게 필자는 독서 고수들의 독서법을 훔쳐 독서 기술을 체득했다.

독서법을 익히자 책 읽기가 훨씬 수월했다. 읽는 속도도 빨라지고 이해도 쉬웠다. 그제야 '독서는 이렇게 하는 것이구나!'라고 감을 잡았다. 그런 뒤 책 읽는 부담감이 사라지고 책과 친해졌다. 책 읽는 시간이 늘면서 자연스럽게 독서 습관도 생겼다. 독서량이 많아져 독서력도 향상되었다.

필자는 그런 독서력 때문에 책을 읽기 시작한 지 3년 만에 저자가 됐다. 일본 작가 센다 타쿠야가 "독서량이 쌓이면 자연스럽게 책을 쓰고 싶은 충동이 생긴다"라고 한 것처럼 필자도 마찬가지였다. 필자는 책을 500권 이상 읽었더니 책을 쓰고 싶어졌고, 나도 책을 쓸 수 있다는 생각이 들었다. 그렇게 쓴 책이 2015년에 나온《진짜 사나이들의 인생 수업》이다. 게다가 필자는 독서법에 매료돼 독서법 책만 300권 넘게 읽고 독서법을 연구해 이 책을 쓰게 되었다.

이 책을 쓴 목적은 분명하다. 독서 기술을 익히려는 독자들에게 도움을 주기 위함이다. 필자는 독서 초보 때 독서법을 몰라 어려움을 겪었다. 이런 어려움을 해결해 준 것이 바로 독서 고수들의 독서법, 즉 독서 기술이었다. 필자는 그 기술을 훔쳐 독서법을 배우고 더 나아가 필자만의 독서법을 갖게 됐다. 이런 경험을 여러분과 공유하고 싶어 이 책을 집필했다. 다시 말해 독서법이 필요한 독자를 위해 이 책을 썼다.

이 책은 세 부분으로 구성돼 있다. 제1장은 '왜 책을 읽어야 하는가'다. 독서를 해야 하는 이유를 들어 동기를 부여한다. 제2장은 이 시대 지성인이라 일컫는 독서 고수 9명의 독서 편력(遍歷)을 담았다. 여기서 고수들의 다양한 독서 기술과 독서 일화를 만날 수 있다. 제3장은 독서 고수들의 독서법을 빌려 '우리는 어떻게 읽을 것인가'를 다룬다. 여기서 고수들의 특징적인 독서 기술을 뽑아 필자가 재구성한 5단계 독서법을 소개한다. 이는 목적독서, 질문독서, 사색독서, 메모독서, 실천독서다. 독자들이 적용하기 쉽게 독서 방법을 자세히 설명하려 했다.

요즘 책 읽는 사람이 드물다지만 알고 보면 책을 꾸준히 읽는 사람도 꽤 있다. 읽는 사람은 무슨 일이 있어도 읽는다. 이런 사람은 '독서가 선택이 아니라 필수'라고 한다. 하지만 읽지 않는 사람은 '독서가 밥 먹여 주냐?'라고 한다. 그러면서 독서가 나쁘다고는 하지 않는다. 독서는 누구나 좋은 것으로 안다. 문제는 책을 안 읽거나 못 읽는 것이다.

책을 안 읽거나 못 읽는 사람 중에는 독서법을 몰라 어려움을 겪는 사람이 있다. 이들에게는 독서법, 즉 독서 기술이 필요하다. 독서도 운동처럼 기술을 익혀야 한다. 그 사람마다 맞는 기술이 다르다. 따라서 효과적인 독서를 하려면 자신에게 맞는 독서 기술을 익혀야 한다. 박지현 작가는 《당신을 변화시키는 1일 1독》에서 "나만의 독서법을 찾기 위해서는 누군가의 독서법에 대해 알아보고 그것을 따라 하면서 자기 것을 만들어 보는 것이 좋다"라고 했다. 이는 필자가 고수들의 독서법을 훔쳐 벤치마킹한 것과 같다. 그렇기에 이 책에서 독자들을 위해 독서 고수들의 독서법을 소개한다. 모쪼록 이 책이 자신만의 독서법을 갖고자 하는 여러분에게 도움이 되었으면 하는 바람이다.

미국의 시인이자 사상가 랠프 월도 에머슨은 "책을 읽는다는 것은 많은 경우, 자신의 미래를 만든다는 것과 같은 뜻이다"라고 했다. 필자는 독자들도 이 책을 계기로 책을 읽어 자신의 미래를 만들어 가길 바란다.

끝으로 이 책에 독서 편력을 실을 수 있도록 허락해 주신 공병호 박사, 김용택 시인, 김홍신 작가, 박경철 외과의사, 박웅현 대표, 안철수 대표, 이어령 교수, 정재승 교수, 최재천 교수님께 진심으로 감사드린다.

이성열

contents

제1장

책을 왜 읽는가

제2장

독서 고수들은 어떻게 읽는가

제3장

어떻게 읽을 것인가

1. 독서는 우리 뇌를 독서 뇌로 바꾼다

2. 독서는 우리에게 무지를 깨닫게 한다

3. 우리는 읽는 것으로 만들어진다

4. 독서는 우리에게 즐거움을 준다

제
1
장

책을 왜 읽는가

책을 왜 읽는가?

제1장의 목적은 독서 동기를 부여하는 데 있다

제1장은 왜 책을 읽어야 하는지를 말한다. 책을 읽으면 성공한다거나 독서는 힐링이라고 말하지 않겠다. 그런 말은 진부하기 때문이다. 따라서 책을 왜 읽어야 하는지를 네 가지 본질로써 다룬다.

첫째, 처음부터 책을 잘 읽는 뇌는 없다. 인간에겐 독서 유전자가 없기 때문이다. 즉, 인류는 책을 읽도록 태어나지 않았다. 따라서 독서는 인간의 선천적인 능력이 아니다. 그럼 인간에게 선천적 독서 능력이 없다고 해서 책을 읽지 말아야 하는가? 아니다. 자발적으로 독서 능력을 길러야 한다. 그러려면 책을 읽어 뇌가 독서 경험을 하도록 해야 한다.

그래야만 뇌가 가소성(뇌가 경험에 의해 변화되는 능력)을 발휘해 독서 뇌로 바뀐다. 결국에 책을

읽어야 뇌가 독서 뇌로 변한다. 독서 뇌를 만들지 못하면 읽기를 싫어할 뿐 아니라 읽지 못하게 된다. 우리 뇌를 독서 뇌로 바꾸려면 책을 읽어야 한다.

둘째, 독서는 자아를 분열시켜 자신이 모르고 있다는 것을 깨닫게 한다. 무지의 인식이다. 무지의 인식은 지적 호기심을 불러일으킨다. 그 지적 호기심은 지적 욕구를 자극해 책을 읽게 만든다. 책을 읽으면 읽을수록 더욱 모르는 게 많다는 것을 알게 된다. 읽지 않으면 그것을 알지 못한다. 그래서 무지를 깨달으려면 책을 읽어야 한다.

셋째, 우리 인간은 보고 듣는 것보다 읽는 것에 영향을 더 많이 받는다. 신기하게도 우리 뇌는 독서로 얻은 간접 경험을 실제 경험과 똑같이 인식한다. 이는 상상과 실제를 구분하지 못하는 뇌의 독특한 특성 때문이다. 그러기에 우리는 책을 통해 간접 경험을 하더라도 실제 경험과 같은 효과를 얻는다. 또 책은 우리에게 고급 정보를 준다. 이같이 우리는 책을 통해 간접 경험을 하고, 고급 정보를 얻어 성숙하므로, 우리는 읽는 것으로 만들어진다. 이게 책을 읽어야 할 이유다.

넷째, 책 읽기는 즐거움을 준다. 독서 고수들은 독서에서 섹스보다 더 강렬한 희열을 느낀다고까지 말한다. 이런 독서의 즐거움은 지적 호기심에서 시작된다. 지적 호기심이 있어야 책을 읽게 되고 책을 읽다 보면 즐거움을 느끼는 순간이 온다. 독서의 선순환이 일어나기 때문이다. 이는 책을 읽는 데서부터 시작된다. 하지만 책을 읽지 않으면 독서의 즐거움을 알 수 없다. 그래서 책을 읽어야 한다.

독서는 우리 뇌를 독서 뇌로 바꾼다

독서는 인간의 선천적인 능력이 아니다

읽는 뇌 분야의 세계적 권위자인 매리언 울프 교수는 미국 터프츠 대학의 '독서와 언어 연구 센터' 책임자다. 그는 《책 읽는 뇌》에서 "독서는 뇌가 새로운 것을 배워 스스로를 재편성하는 과정에서 탄생한 인류의 기적적인 발명이다"라고 했다. 그의 말대로 독서는 인간의 선천적 능력이 아닌 발명된 것이다. 인류는 독서의 발명으로 오늘날과 같은 문명을 이룩했다. 독서는 인류 역사상 가장 위대한 발명이다.

독서가 발명된 데는 이유가 있다. 인류는 책을 읽도록 태어나지 않았기 때문이다. 인간에게 언어나 시각 유전자는 있으나 독서 유전자는 없다. 언어나 시각은 유전 프로그램이 있어 그 능력을 후손에게 전달해준다. 그 영향으로 인간은 저절로 듣고 말하고 보는 것을 배운다. 그러나 독서는 유전 프로그램이 없어 그 능력이 후손에게 전달되지 않는다. 그래서 우리는 저절로 읽는 것을 배우지 못한다. 그래서 읽을 수 있도록 독서가 발명된 것이다. 울프 교수는 독서 행위는 자연스러운 행위가 아니라 자발적 행위라고 했다.

책을 읽도록 태어나지 않았으므로 사람들은 책 읽기를 꺼린다. 프랑스 작가 샤를 단치는 《왜 책을 읽는가》에서 "사람들은 책을 읽으라는 말을 듣자마자 독서에 대한 마음이 싹 사라진다"라고 했다. 우리도 흔히 경험하는 일이다. 샤를 단치는 왜 그런 말을 했을까? 독서는 자발적으로 노력을 들여 힘들게 해야 하기 때문이다. 독서는 듣고 말하고 보는 것처럼 저절로 되는 것이 아니라 자발적인 노력을 해야 한다. 독서는 쉬운 일이 아니며, 모든 사람이 쉽게 배우지도 못한다. 오죽하면 독일의 대문호 괴테조차 "너무나 많은 사람이 읽는 법을 배우는 데 얼마나 걸리는지 알지 못한다. 나는 책을 읽는 방법을 배우기 위해 80년이라는 세월을 바쳤는데도 아직 그것을 다 배웠다고 말할 수 없다"라고 했을까. 그러니 사람들이 책 읽기를 꺼리는 것은 이상하지 않다.

그렇다면 인간에게 독서 유전자가 없다고 해서 평생 읽지 말아야 하는가? 아니다. 인간은 비록 책을 읽도록 태어나지 않았더라도 자발적으로 읽기를 배워야 하고, 또 배울 수 있다. 우리에겐 읽기를 배울 수 있는 뇌가 있기 때문이다.

읽어야 읽히기 때문에 책이 책을 읽게 만든다

독서는 양극화 현상이 두드러진다. 즉, 독서의 빈익빈(貧益貧) 부익부(富益富) 현상이다. 읽지 않는 사람은 계속 안 읽게 되고, 읽는 사람은 점점 더 많이 읽게 된다. 그럼 왜 읽지 않게 될까? 유명한 독서가 유영만 교수는 《독서의 발견》에서 "읽지 않으니까 읽히지 않는 악순환이 반복된다"라고 지적하며 "책을 읽기 위해서 가장 먼저 필요한 일은 한 권의 책을 집어드는 일이다"라고 말한다.

유 교수의 말처럼 우선 한 권의 책을 집어 드는 게 중요하다. 그 한 권이 마중물이 돼 다음 책을 읽게 만들기 때문이다. 그렇게 하다 보면 선순환이 일어나 계속 읽게 된다. 반면에 한 권을 읽지 않으면 다음 책으로 이어지지 않는다. 그러면 책을 이해하는 개념이 부족해 더 안 읽게 되는 악순환이 반복된다. 그러니 책을 읽고자 한다면 먼저 한 권을 집어 들어 읽어야 한다.

우리 안에 독서 유전자가 없고, 책을 읽도록 태어나지 않았더라도 읽으면 읽게 된다. 우리 뇌가 독서 뇌로 바뀌기 때문이다. 반대로 읽지 않으면 읽을 수 없다. 안 읽는 원인은 읽지 않는 데 있다. 그런데도 책을 읽지 않으면서 읽히지 않는다고 말한다. 이게 문제다. 왜 책을 읽는가에 대한 답은 '책을 읽기 위해서'다. 책이 책을 읽게 만든다. 책이 책을 읽게 만든다는 말은 아는 만큼 보인다는 말과 일맥상통한다. 책은 서로 연결되기 때문에 책에서 읽은 내용은 다른 책을 읽을 수 있도록 만든다. 책이 책을 읽는 것이다. 그래서 앞에서 말한 것처럼 무조건 한 권을 집어 들고 읽어야 한다.

독서는 우리 뇌를 독서 뇌로 바꾼다

인간의 뇌는 끊임없이 변한다. 이를 전문용어로 '뇌 가소성(plasticity)' 또는 '신경 가소성'이라 한다. 뇌 가소성은 인간의 두뇌가 경험에 의해 변화되는 능력을 말한다. 최근 연구 결과에 따르면 "학습이나 여러 환경에 따라 뇌세포는 계속 성장하거나 쇠퇴한다"라는 사실이 밝혀졌다. 우리 뇌는 '경험에 대한 반응으로 자기 스스로 재설계할 수 있는 능력'을 갖고 있다. 이런 뇌 가소성이 독서에도 적용된다. 처음부터 책을 잘 읽는 뇌는 없다. 하지만 책을 읽으면 뇌 가소성 때문에 우리 뇌는 책 읽는 뇌로 바뀌게 된다.

뇌 가소성을 잘 설명하는 사례가 있다. 런던의 '블랙 캡' 택시 운전기사들은 시내 어디든 신속하고 정확하게 찾아갈 수 있는 능력이 있다. 그만한 이유가 있다. 블랙 캡 운전기사가 되려면 음성으로 지리를 알려주는 스쿠터를 타고 시내 구석구석을 다니면서 도로를 완벽하게 숙지해야 한다. 시내 지형과 도로를 완전히 암기하는 것이다. 이런 과정을 거쳐야 자격증 시험을 볼 수 있다.

런던의 유니버시티 칼리지 신경과학자들은 이렇게 어려운 시험을 거친 블랙 캡 운전기사를 대상으로 그들의 뇌가 어떻게 변했는지 조사했다. 일반인과 블랙 캡 운전기사를 각각 50명씩 뽑아 자기공명영상

(MRI)으로 뇌를 촬영해 관찰한 것이다. 그 결과를 보니 두 그룹의 해마가 달랐다. 일반인보다 운전기사들의 해마가 더 컸다. 해마는 학습과 기억에 관여한다. 따라서 일반인보다 운전기사들의 뇌가 학습과 기억에서 더 뛰어나게 변한 것이다. 이같이 우리 뇌는 가소성이 있다. 독서를 하면 우리 뇌는 가소성 현상이 일어나 독서 뇌로 바뀐다.

많은 이들이 나이를 먹으면 뇌가 굳어진다고 믿으며 책 읽기를 꺼린다. 심지어 이제 머리가 굳어서 읽어봤자 소용없다고 말한다. 잘못된 상식이다. 인간의 뇌는 죽을 때까지 변하고 발전한다. 이는 뇌 과학으로 증명된 사실이다. 제발 이제는 머리가 굳어서 못 읽겠다거나 읽어도 소용없다는 말은 하지 말자. 읽으면 읽을수록 우리 뇌는 독서 뇌로 바뀐다.

우리는 뇌가 변할 만큼 책을 읽고 있는지 의문이다. 우리의 책 읽는 시간은 얼마나 될까? 딱 잘라 말해 평생 10개월밖에 안 된다. 지금 30세인 사람이 80세까지 산다고 가정해 추산한 것이다. 《어떻게 읽을 것인가》를 쓴 고영성 작가는 재미난 분석을 내놨다. 80세까지 사는 동안 스마트폰을 보는 시간은 12년으로 독서의 13배, TV 보는 시간은 7년으로 독서의 7배, 화장실에서 용변 보는 시간은 10개월로 독서 시간과 같다. 결국에 우리는 화장실에서 볼일 보는 시간만큼 책을 읽는다. 이 정도로는 우리 뇌가 독서 뇌로 바뀌지 않는다. 좀 더 많이 읽어야 한다. 최소한 TV 보는 시간만큼은 읽어야 하지 않을까.

정리하자면 인간에겐 독서 유전자가 없으므로 책을 읽도록 태어나지 않았다. 따라서 글을 읽는 것은 말을 하는 것처럼 저절로 되지 않는다. 독서는 선천적인 능력이 아니기 때문이다. 하지만 인간은 뛰어난 뇌를 가졌다. 뇌 가소성 덕분에 후천적으로 독서 능력을 계발할 수 있다. 책을 읽으면 보통 뇌가 책 읽는 뇌로 변한다. 그러지 않으면 뇌가 바뀌지 않는다. 책을 읽으면 읽을 수 있고 읽지 않으면 읽을 수 없다. 이게 책을 읽어야 할 가장 중요한 이유다.

독서는 우리에게 무지를 깨닫게 한다

독서는 오만한 자아를 분열시켜 무지를 깨닫게 한다

왜 책을 읽는가? 자신의 무지(無知)를 깨닫고자 읽는다. 고대 그리스 철학자 소크라테스는 "내가 알고 있는 유일한 사실은 내가 아는 것이 아무것도 없다는 것이다"라고 했다. 하지만 우리는 자신이 모른다는 사실을 인정하지 않는다. 사람에게 가장 위험한 것은 모르면서 '안다'고 착각하는 것이다. 그런데도 우리는 자신이 많이 알고 있다고 착각하고 있다. 이는 '모르면서 알고 있다고 믿는 오만한 자아' 때문이다. 우리는 이런 자아를 깨부숴야 한다. 어떻게 자아를 부술 수 있는가? 독서가 답이다. 독서는 우리를 내면에 도사리고 있는 오만한 자아에 맞서 투쟁하게 한다. 이 투쟁이 우리 내면의 잘못된 믿음을 흔들어 부순다. 독서로 오만한 자아를 부숴야 자신의 무지를 깨닫게 된다.

필자는 독서를 통해 무지를 깨달았다. 책을 읽지 않았을 때는 내가 모른다는 사실을 몰랐다. 심지어 무엇을 모르는지조차 몰랐다. 그런데도 필자는 안다고 착각하고 있었다. 내 속에는 모르면서 알고 있다고 생각하는 오만한 자아가 가득했다. 그러다가 책을 읽고서야 비로소 내가 모르는 게 많다는 것을 깨달았다. 독서가 오만한 자아를 분열시켰기 때문이다. 책을 읽으면 자아의 상당 부분이 독서와 함께 산산이 흩어진다. 그러기에 자아를 깨부수고 무지를 깨달으려면 책을 읽어야 한다.

독서는 무지를 깨닫게 하고, 무지의 인식은 책을 읽게 한다. 독서가 진단과 처방을 함께 하는 것이다. 무지의 인식이 독서를 하게 하는 촉매제가 된다. 따라서 무지의 인식이 중요하다.

공자도 "진정한 공부란 자신이 얼마나 모르는지를 아는 것"이라고 했다. 우리는 자신이 모른다는 것을 깨달아야 한다. 미국 작가 앤 패디먼은 "한 권 한 권 읽어가는 동안에 내가 무엇을 알고 무엇을 모르고 있다는 것을 스스로 깨닫게 하는 데 도움이 된다는 사실은 틀림없다"라고 했다. 필자도 그런 경험을 했다. 한 권 한 권 읽어갈수록 내가 무엇을 알고 무엇을 모르는지 깨달아 갔다. 그렇게 자신의 무지를 깨닫게 되면 지적 호기심이 생긴다. 지적 호기심은 지적 욕구에 불을 댕겨 책을 잡게 한다.

무지를 알면 지적 호기심이 독서를 이끈다

사람은 책을 읽지 않으면 오만해진다. 이는 모르면서 안다고 착각하기 때문이다. 실제로 아는 것과 안다고 착각하는 것은 다르다. 안다고 착각하는 것은 자신이 모른다는 것 자체를 알지 못하는 것이다. 무지의 무지다. 책을 읽으면 모른다는 것을 알게 된다. 무지를 알면 지적 호기심이 생기게 되고, 지적 호기심은 독서를 이끈다.

필자도 책을 읽기 전엔 오만이 가득했다. 하지만 한 권의 책을 읽고 필자의 무지를 깨달았고, 그 덕분에 지적 호기심을 가졌다. 그 책이 일본 작가 다치바나 다카시의 《나는 이런 책을 읽어왔다》이다. 그 책을 읽고 엄청난 충격을 받았다. 필자가 아는 게 너무 없다는 것, 즉 무지의 깨달음이었다. 그리고 무지를 인식하게 되자 지적 욕구가 불타올랐다. 그 뒤로 필자는 책에 미치게 됐고, 지금은 이렇게 책도 쓰고 있다. 이를 보면 무지를 알면 지적 호기심이 생기고, 지적 호기심은 지적 욕구를 불러일으켜 독서를 이끈다는 점은 분명하다.

지적 욕구란 무엇인가? 인간은 본능적으로 지적 욕구가 있다. 아리스토텔레스는 "인간은 태어날 때부터 알려고 하는 욕구가 있다"라고 했다. 지적 욕구는 본능적 욕구라는 것이다. 다치바나 다카시 작가도 《나는 이런 책을 읽어왔다》에서 지적 호기심은 식욕, 성욕과 함께 가장 근원적인 욕망이라 말했다.

따라서 인간은 누구나 지적 호기심을 갖고 있다. 단지 그 정도의 차이가 있을 뿐이다. 즉, 지적 욕구 수준이 낮은 사람과 높은 사람이 있다. 지적 욕구 수준이 낮은 사람은 새로운 것은 더 배울 필요가 없다고 여기고 지금까지 배운 것만으로도 충분히 인생을 살아갈 수 있다고 생각한다. 그러면서 오직 육체적 쾌락만 즐긴다. 지적 욕구의 수준이 낮은 사람은 현실에 만족하고 더 배우려고 하지 않는 사람, 즉 책을 읽지 않는 사람이다. 이런 모습이 당신의 모습은 아닌가? 만약 그렇다면 지적 욕구 수준을 높여야 한다.

필자는 지적 욕구 수준이 낮은 사람에서 지적 욕구 수준이 높은 사람이 되었다. 책을 잡았기 때문에 이렇게 변할 수 있었다. 애초에 책을 잡지 않았다면 이런 일은 일어나지 않았을 것이다. 책을 잡았기 때문에 내가 모른다는 것을 알았다. 또 모른다는 것을 알았기 때문에 그 모르는 것을 알기 위해 책을 읽었다. 독서로 무지를 깨달으면 이렇게 선순환이 일어난다. 독서가 독서를 부르는 것이다. 그래서 책을 읽어야 한다. 일단 책을 잡자. 책을 읽어야 내가 모른다는 것을 알 수 있다. 이게 책을 읽어야 할 이유다.

우리는 읽는 것으로 만들어진다

사람은 읽는 대로 만들어진다

사람은 보고, 듣고, 읽는 것에 영향을 받는다. 하지만 그 정도의 차이가 있다. 정상인이라면 누구나 보고 듣지만 읽는 것은 그렇지 않다. 보고 듣더라도 읽지 않는 사람이 많다. 그러니 읽는 사람은 읽지 않는 사람보다 더 많은 영향을 받는다. 그래서 우리는 읽는 것으로 만들어진다고 해도 과언이 아니다.

우리는 읽기에서 보고 듣는 것에 비해 훨씬 더 많은 정보를 얻는다. 프랑스 사회학자 니콜 라피에르는 "오늘날 우리의 모습은 우리가 읽은 것의 결과다. 우리가 읽은 그 모든 책은 우리의 기억 속에 스며들어 우리가 세상을 보는 법, 느끼는 법, 생각하는 법에 영향을 미친다"라고 했다. 라피에르의 말처럼 우리는 책을 통해 세상을 보고 느끼고 생각하는 것에 영향을 받는다. 그렇게 받은 영향이 우리의 모습으로 나타난다. 그러니 우리는 읽는 것에 의해 만들어진다.

왜 그럴까? 사람은 내면으로 감정을 느끼는 능력이 있기 때문이다. 다시 말해 책을 읽으면 내면에서 책 내용이 능동적으로 작용해 삶이 향상된다. 예를 들면 이런 것이다. 책에서 아픔과 슬픔이 나타나는 장면이 나오면 읽는 사람도 마음속에서 아픔과 슬픔을 느낀다. 이를 감정이입이라 한다. 감정이입이 되면 읽으면서 느낀 마음속 느낌이 과거에 실제로 경험한 아픔이나 슬픔과 융합돼 독자의 인생에 자극을 준다. 이렇게 자극을 받으면 책 내용이 능동적으로 작용해 삶이 향상된다. 그러기에 사람은 자기가 읽은 것에 의해 인생이 바뀐다.

책을 읽고 인생이 바뀐 사례는 많다. 인도 정치 지도자 간디는《시민의 불복종》, 영국 총리 처칠은《로마제국의 쇠망사》, 미국 대통령 토머스 제퍼슨은《통치론》, 스위스 교육학자 페스탈로치는《에밀》을 읽고 인생이 바뀌었다. 노벨문학상을 받은 터키 소설가 오르한 파묵은 소설《새로운 인생》에서 주인공 오스만의 입을 빌려 "어느 날 한 권의 책을 읽었다. 그리고 나의 인생은 송두리째 바뀌었다"라고 묘사했다. 이처럼 책을 읽고 인생이 바뀐다면 사람은 읽는 대로 만들어지는 것이다.

독서는 실제 경험과 동일하다

독서는 우리를 만드는 데 큰 영향을 미친다고 했다. 왜 그럴까? 간접 경험 때문이다. 인간은 경험으로 성장한다. 다양한 경험을 한 사람이 그렇지 못한 사람에 비해 더 성장하기 마련이다. 그런데 사람은 여러 가지 제약 때문에 모든 경험을 할 수 없다. 이런 문제를 보충하려고 책을 읽는다. 독서의 가치가 여기에 있다.

신기하게도 인간의 두뇌는 상상과 실제를 구별하지 못하는 특성이 있다. 캐나다 요크대학 레이먼드 마 교수는 인간의 두뇌가 실제 경험한 것과 책에서 읽은 것을 잘 구별하지 못한다는 것을 밝혔다. 레이먼드 교수는 '독서와 뇌의 인지'에 대한 연구를 했다. 그 결과 레이먼드 교수는 독자가 주인공의 행동이 묘사된 글을 읽으면, 독자의 뇌도 책 속 주인공처럼 행동하는 데 필요한 영역이 활성화된다는 것을 입증했다. 예컨대 주인공이 사랑을 나누는 장면을 읽으면 독자도 주인공처럼 사랑을 나누는 느낌을 받는다. 독자의 뇌에서 사랑을 나누는 데 필요한 영역이 활성화되기 때문이다. 누구나 소설을 읽으면서 한 번쯤 이런 느낌을 받았을 것이다.

독서를 할 때 우리 뇌 안에서 일어나는 이런 변화는 신경 영상 실험에서도 확인할 수 있다. 실험에서 독자에게 주인공이 걷고 있는 장면을 읽게 했더니 실제로 독자의 몸에서도 걷는 데 관련된 운동 기능 영역이 활성화되었다고 한다. 독자가 책을 읽을 때 몸의 신경이 실제로 걷는 것과 같은 반응을 한다는 의미다. 이런 현상을 보면 우리는 읽는 것을 경험한다는 말은 정확하다. 그런 경험이 우리를 만드는 것이다.

나는 조금 전의 내가 아니다

당신은 지금 이 책을 읽고 있다. 그리고 책을 덮을 것이다. 그러면 당신은 조금 전의 당신이 아니다. 사람은 독서 전·후로 나뉜다. 읽기 전의 당신과 읽은 후의 당신은 질적으로 다르다. 앞에서 설명한 뇌 가소성과 독서 경험 때문이다. 특별히 생각의 깊이에서 다르다.

프랑스 소설가 앙드레 지드의 고백을 들어보자. "나는 한 권의 책을 책꽂이에서 뽑아 읽었다. 그리고 그 책을 꽂아 넣었다. 그러니 나는 조금 전의 내가 아니다." 어떤가? 당신도 이런 느낌이 드는가? 우리는 읽기 전으로 돌아갈 수 없다. 오이와 피클의 비유로 설명해 보자. 오이는 피클이 되지만 피클은 오이로 되돌릴 수 없다. 독서 전의 당신은 오이고, 독서 후의 당신은 피클이다. 당신이 피클이 되었으니 오이로 돌아갈 수 없다.

미국의 소설가 버나드 맬러머드는 소설 《수선공》에서 주인공 야코프가 책을 읽고 느낀 점을 이렇게 적고 있다.

"나는 그 책을 인근 도시의 한 골동품상에게서 샀습니다. 값으로 1코펙을 주었는데, 벌기 힘든 돈을 그렇게 책 사는 데 낭비해 버렸고 금방 후회했습니다. 얼마 후 몇 쪽을 읽게 되었고, 그다음은 마치 돌풍이 등을 밀고 있기라도 하듯 멈출 수 없었습니다. (중략) 우리는 마치 요술쟁이의 빗자루를 타는 것과 같은 경험을 하게 됩니다. 나는 이제 더 이전과 같은 인간이 아니었습니다."

소설 주인공 야코프는 책을 사고 금방 후회한다. 하지만 야코프는 책을 읽은 다음 조금 전의 자신이 아니라고 고백한다. 야코프는 책을 읽고 마치 요술 빗자루를 타는 것 같은 경험을 했으므로 조금 전과 같을 수 없다. 책이 야코프의 뇌를 바꿔버렸다. 바뀐 뇌가 야코프를 변화시킨 것이다. 그러니 야코프는 책을 읽기 전과 같은 인간이 아니다. 이렇게 책은 사람을 변화시키고 만든다. 교보문고 창립자 신용호 회장의 말이 떠오른다. "사람은 책을 만들고 책은 사람을 만든다."

독서는 우리에게 즐거움을 준다

독서가 즐거움을 준다고?

독서가 즐거움을 준다고 하면 어떤 사람은 부정할 것이다. '독서가 무슨 놈의 즐거움을 주냐?'고. 맞다. 사람에 따라 독서는 즐거움이 아닐 수 있다. 독서는 정신노동이기 때문에 오히려 괴로움을 줄지도 모른다. 하지만 독서는 독서가에게 즐거움을 준다. 그들은 독서를 하면서 즐거움을 넘어 희열을 느끼기도 한다.

독서는 마라톤과 닮았다. 마라토너를 보라. 그 힘든 마라톤을 하면서도 희열을 느끼지 않는가? 러너스 하이(runner's high) 때문이다. 달리기할 때 처음에는 숨이 차고 힘들다가도 사점(dead point)을 지나면 언제 그랬냐는 듯 몸이 가뿐해진다. 더 나아가 시·공을 초월해 박진감과 희열감을 느껴 몸이 날아갈 것 같은 상태까지 이른다. 독서도 마찬가지다. 독서에도 러너스 하이 같은 것이 있다. 독서 고수 박경철 작가는 이를 '리더스 하이(reader's high)'라고 했다. 독서를 꾸준히 하다 보면 책을 읽으면서 희열을 느끼는 상태에 빠지는데, 이를 두고 하는 말이다.

마라토너는 이런 러너스 하이 때문에 달리기에 중독된다. 하루도 뛰지 않으면 못 견딘다. 독서가도 리더스 하이 때문에 독서에 중독된다. 하루도 읽지 않으면 못 산다. 반면에 마라토너가 아니거나 초보 마라토너는 러너스 하이를 경험하지 못하기 때문에 달리기가 힘들고 고통스럽다. 마찬가지로 독서를 하지 않는 사람이나 초보 독자는 리더스 하이를 경험하지 못한다. 그러니 독서가 어렵고 고통스럽게 느껴진다. 이같이 누구에게는 마라톤이나 독서가 희열을 느끼는 즐거움이 되지만, 누구에게는 죽기보다 싫은 힘든 노동이 된다. 당신은 어느 쪽인가?

그럼 어떤 때 리더스 하이를 느끼는가? 책을 읽다가 머리에 도끼질을 당하는 문장을 만나거나 깨달음을 얻을 때 리더스 하이를 느낀다. 조선 시대 독서광이었던 간서치(看書癡) 이덕무가 어떻게 리더스 하이를 느꼈는지 보자. 이덕무는 책을 읽다가 막힌 구절의 뜻을 깨달으면 미친 사람처럼 고함을 질렀다고 한다. 얼마나 기뻤으면 그랬을까.

"누가 일러주고 깨우쳐 주는 사람도 없이 혼자 책을 읽었기에, 막히는 구절이 나오면 답답한 마음을 견딜 수 없었다. 얼굴은 먹빛처럼 어두워지고 앓는 사람처럼 끙끙대는 신음이 저절로 나왔다. 그러다가 갑자기 뜻을 깨우치기라도 하면, 나는 벌떡 일어나 미친 사람처럼 크게 고함을 질렀다. 방 안을 왔다 갔다 하면서 깨우친 내용을 몇 번이고 웅얼거렸다. 눈앞에 누가 있는 양 큰 소리로 일러주며 웃기도 했다."(《책만 보는 바보》 중에서)

이런 것이 바로 독서의 즐거움이다. 만약 독서가 즐거움을 주지 않는다면 독서가들이 왜 독서를 찬양하겠는가? 그들이 허투루 하는 말인가? 절대로 그렇지 않다. 독서가 즐거움을 준다는 것은 진리요, 진실이다. 당대 최고 애서가로 알려진 영국 작가 조지 홀브룩 잭슨은 "책과의 사랑은 결코 시들거나 깨지지 않는다. 불멸하는 아름다움처럼 읽는 그 자체가 기쁨이 된다"라고 했다. 영국 작가 윌리엄 서머싯 몸은 "지적인 즐거움만큼 오래 가고 만족스러우며 즐거운 것이 없다는 사실을 깨닫는 사람은 참으로 지혜 있는 사람"이라고 했다. 프랑스 철학자 미셸 드 몽테뉴는 "가장 싼 값으로 가장 오랫동안 즐거움을 누릴 수 있는 것은 바로 책이다"라고 했다. 김무곤 작가는 "나는 책 읽기보다 더 즐거운 일을 만나지 못했다"라고 했다. 이런데도 독서가 즐거움이 아니라고 할 수 있는가.

일단 책을 읽어야 독서의 즐거움을 느낀다

독서에서 오는 즐거움의 메커니즘은 지적 호기심과 욕구(자극)→독서(욕구충족)→즐거움(반응)으로 나타난다. 지적 호기심과 욕구는 독서 동기를 유발하고, 동기 유발로 책을 읽으면 지적 욕구가 충족돼 즐거움을 느낀다. 즐거움을 느끼려면 지적 호기심과 욕구가 강해야 한다.

지적 호기심은 인간의 본능이고, 지적 욕구는 인간의 기본 욕구다. 따라서 인간은 지적 욕구 때문에 책을 더 읽고 싶어 하고, 새로운 책과 더 만나고 싶어 해야 정상이다. 만약 책을 멀리하고 읽지 않으면 인간의 기본 욕구인 지적 욕구를 상실한 것이다. 인간에게서 지적 욕구가 사라진다면 그 삶은 지적으로 죽은 것과 같다.

필자는 지적 욕구를 상실해 지적으로 죽은 삶을 살았다. 그래서 책을 읽지 않아 독서의 즐거움을 몰랐다. 독서를 아예 하지 않았으니 그 즐거움을 알 리 없었다. 그러다가 어느 날 책을 잡게 되었고, 책을 읽자 모르는 것이 많음을 깨닫게 되고 지적 호기심이 생겼다. 지적 호기심은 지식 욕구를 자극했다. 지식 욕구가 생기자 더 많이 읽었다. 그러자 비로소 읽는 즐거움이 찾아왔다. 이 즐거움은 읽으면 읽을수록 더욱 강렬해졌다.

독서의 즐거움은 어디서부터 오는가? 필자의 경험으로 보면 한 권의 책을 읽는 데서부터 시작된다. 일단 읽어야 즐거움을 느낄 수 있다. 그럼 책을 한두 권 읽는다고 느낄 수 있는가? 그렇지 않다. 책을 꾸준히 즐거움에 도달할 때까지 읽어야 한다. 비유하자면 경험이 많은 마라토너가 러너스 하이를 느끼는 것과 같다. 하지만 보통은 거기까지 가지 못하고 읽기를 중도에 포기한다. 그러면 독서의 즐거움을 경험하지 못한다.

독서는 즐거워야 오래 간다

독서는 일단 즐거워야 한다. 초보일수록 더욱 그렇다. 즐겁지 않으면 오래 읽지 못한다. 정재승 카이스트 교수는 "독서가 쾌락이 돼야 평생 읽을 수 있다"라고 했다. 그래서 독서에서 즐거움이 강조되는 것이다. 하지만 읽는 즐거움을 알기까진 시간이 필요하다. 어느 정도 독서력이 있어야 하기 때문이다. 처음부터 읽는 즐거움을 느낀다면 누가 책을 읽지 않으랴. 게임은 아무리 말려도 계속하는 이유가 무엇인가? 처음부터 재미있기 때문이다. 게임처럼 처음부터 재미있게 독서하는 방법이 없진 않다. 우선 자기가 좋아하고 재미있는 책을 읽으면 된다. 그러나 이것은 일회성에 불과하고 오래 가지 못한다. 근본적인 것은 책을 많이 읽어 독서력이 쌓여야 독서의 맛을 알 수 있다는 것이다. 독서의 맛을 알 때 비로소 책 읽는 즐거움이 찾아온다. 그래야 평생 읽을 수 있다.

책 읽는 즐거움은 찾아오는 단계가 있다. 독서력이 쌓일 때까지 시간이 필요하다. 책 한 권 읽는다고 바로 독서의 즐거움이 오는 게 아니다. 이것을 용해 작용을 예로 들어 설명해 보자. 화학에서 용액의 종류는 불포화용액, 포화용액, 과포화용액이 있다. 물에 설탕을 녹일 때 불포화용액에는 설탕을 넣어도 용해되어 아무런 흔적이 안 남는다. 그러다가 포화용액이 되면 설탕이 더 녹지 않고 침전되기 시작한다. 계속 더 넣으면 과포화용액이 돼 바닥에 침전물이 쌓인다. 이런 현상을 책 읽기에 비유하면 포화 상태가 될 때까지는 읽어도 표시가 나지 않는다고 할 수 있다. 즉, 독서의 즐거움을 못 느낀다. 그러다가 포화 상태를 지나 과포화 상태가 되면 비로소 읽는 즐거움을 느낄 수 있다. 이 단계가 될 때까지 읽어야 한다. 그러면 평생 독서의 즐거움을 즐기며 책을 읽을 수 있다.

독서가 주는 쾌락은 성적 쾌락보다 강하다

독서가 주는 쾌락이 성적 쾌락보다 강하다고 하면 대부분 허튼소리라고 할 것이다. 하지만 독서 고수들은 이런 쾌락을 맛본다. 독서의 즐거움은 배움의 쾌락, 즉 지적 쾌락이다. 지적 쾌락은 어떤 쾌락보다 더 짜릿하고, 성적 쾌락보다 더 강렬하다.

독서의 즐거움을 성적 쾌락에 비유한 독서가들이 많다. 그들은 독서에서 희열을 느낀다고 했다. 프랑스 작가 샤를 단치는 책을 끝까지 읽는 것은 마치 황홀했던 섹스처럼 사랑스러운 추억으로 남는다고 하면서 "독자는 책과 함께 오르가슴에 빠진다"라고 했다. 고전 연구가 고미숙 작가는 "앎이 주는 기쁨이 에로스적인 것보다 더 강렬하다"라고 했다. 시골 의사란 필명을 가진 박경철 작가는 책을 읽는 궁극적 이유는 '책 읽는 오르가슴'을 느끼기 위해서라면서, 그 오르가슴이란 책을 읽다가 "이 책을 안 읽었으면 어떡할 뻔했냐!"라며 무릎을 딱 치면서 쾌감을 느끼는 것이라 했다. 이처럼 독서가들은 독서에서 강렬한 희열을 느낀다.

이런 희열을 느끼려면 지적 욕구가 강해야 한다. 지적 욕구도 인간의 기본 욕구이기에 성욕처럼 욕구가 강할 때 더 큰 희열을 느낀다. 지적 욕구는 배움에 대한 욕구다. 무엇을 간절하게 알고 싶을 때 지적 욕구가 발동한다. 필자는 독서법에 심취한 적이 있었다. 그때 필자는 독서법을 배우고 싶은 마음이 간절했다. 알고 싶은 욕구가 얼마나 강했던지 독서법 책을 읽고 또 읽어도 욕구가 충족되지 않았다. 그래서 300권이 넘는 독서법 책을 읽었다. 이런 과정에서 필자는 책을 읽으면서 오르가슴 같은 쾌감을 맛본 경험이 있다. 필자가 간절하게 알고 싶었던 독서 비결을 만나면 성적 쾌감처럼 온몸에 짜릿함을 느꼈다. 지적 쾌락이 성적 쾌락보다 강하다는 말은 맞는 말이다. 이 쾌락을 맛본 사람만이 안다.

독서의 즐거움을 누리자!

독서는 분명 우리에게 즐거움을 준다. 독서의 묘미는 바로 이 즐거움이다. 독서는 지식의 원천이기도 하지만 그에 앞서 즐거움의 원천이다. 즐겁지 않으면 왜 책을 읽겠는가? 즐거움을 느끼려고 책을 읽고 또 책을 읽으면 즐거워진다. 독서와 즐거움은 한 몸이다.

독서의 즐거움을 누리려면 고통을 감내해야 한다. 고통을 참고 꾸준히 읽으면 나중에는 즐거움을 느낄 수 있다. 조선 실학자 담헌 홍대용 선생은 "마음을 단단히 하고 인내하면 열흘 안에 반드시 좋은 소식이 있다"고 했다.

독서의 즐거움은 세상의 근심, 걱정을 덜게 해준다. 독서 삼매경에 빠지면 무아지경을 경험하기도 한다. 독서는 배고픔도 아픔도 잊게 한다. 우리도 조선 시대 '책만 보는 바보' 이덕무처럼 독서의 즐거움을 맛보면 얼마나 좋을까? 이덕무는 스스로 바보라고 하면서 말재주도 없이, 게으르게, 세상 물정도 모르고 살았다. 사람들이 욕을 하든 칭찬을 하든 말하지도 우쭐대지도 않았다. 하지만 오직 책 보는 즐거움을 추구하느라 추위도 더위도 배고픔도 아픔도 잊었다. 우리는 이 정도는 아닐지라도 최소한 추위와 더위를 잊을 정도는 되어야 하지 않을까?

독서의 즐거움은 아는 사람만 안다. 고기도 먹어본 사람이 맛을 아는 것처럼 독서의 즐거움도 마찬가지다. 모르는 사람은 죽었다가 깨어나도 책 읽는 즐거움을 모른다. 책을 읽지 않으므로 책 읽는 쾌락을 느끼지 못하기 때문이다. 필자도 과거에는 책을 읽지 않아 독서의 즐거움을 모르고 살았다. 하지만 지금은 아니다. 만약 지금까지 몰랐다면 어땠을까? 상상하기도 싫다. 무슨 재미로 살아갈지 답답할 것이다.

하늘이 인간에게 준 즐거움을 다 누리지 못하는 것은 안타까운 일이다. 먹는 즐거움, 자는 즐거움, 성적 즐거움만 누리고, 읽는 즐거움을 누리지 못한다면 어찌 안타깝지 않을까? 즐거움은 곧 행복이다. 즐거움이 없다는 것은 행복을 누리지 못하는 것이다. 행복을 위해서라도 독서의 즐거움을 누려야 한다. 독서는 인간이 누릴 수 있는 최고의 즐거움이자 특권이다. 그러기에 책을 읽어야 한다.

지금까지 '책을 왜 읽어야 하는가'를 알아보았다. 여기서 역설적으로 '책을 왜 안 읽는가?'라는 질문을 해본다. 남녀노소를 막론하고 보편적인 대답은 다음 세 가지로 요약된다.

첫째, 책 읽을 시간이 없어서.

몇 해 전 한국출판연구소에서 '왜 책을 읽지 않는가?'에 대한 설문 조사를 했다. '시간이 없어서'가 1위였다. 충분히 이해가 가는 답변이다. 하지만 조금만 달리 생각하면 그 답변이 핑계라는 것을 알 수 있다. 책은 시간이 남아서 읽는 게 아니라, 없는 시간을 만들어 읽는 것이다. 시간이 없다는 말은 핑계에 불과하다.

둘째, 책 읽는 것보다 더 중요한 일이 있어서.

이 말도 맞다. 중요한 일이 있으면 그 일부터 해야 한다. 하지만 그런 일이 매일 있는 것은 아니다. 그런 때를 피해 읽으면 된다. 그러고 보면 이 또한 핑계다.

셋째, 책 읽기가 어렵고, 재미없고, 고통스러워서.

이 또한 일리 있는 말이다. 처음 책을 읽으면 어렵고 재미없어 고통스럽다. 이런 문제는 독서에 대한 고정관념에서 생긴다. 책은 전부 어렵고 재미없다고 생각하기 때문이다. 재미없는 책만 있는 게 아니라 재미있는 책도 있다. 책을 고르는 방법을 알면 해결될 수 있는 문제다. 이것도 핑계에 불과하다.

당신은 이런 핑계로 책을 안 읽는 것은 아닌지. 여러분은 핑계보다 앞서 알아본 '책을 읽어야 할 이유'를 먼저 생각하고 책을 읽기 바란다.

제 2 장

독서 고수들은 어떻게 읽는가

독서 고수들은 어떻게 읽는가?

제2장은 이 시대의 지식인, 독서 고수 9명의 독서 편력을 소개한다.

제1장에서 왜 읽어야 하는지를 알았다면, 이젠 어떻게 읽는지를 알아볼 차례다. 읽는 데는 기술이 필요하다. 즉 독서법을 알아야 한다. 책을 잘 읽으려면 독서 고수의 비결을 훔쳐야 한다. 그래서 독서 고수들의 독서 비결을 소개한다. 고수들의 독서법을 훔쳐 자신만의 독서법을 갖길 바란다.

특히 제2장은 독서에 익숙하지 않은 독자에게 도움이 될 것이다. 필자가 독서를 처음 시작할 때 궁금했던 것을 독서 고수들의 기법에서 찾아 수록했기 때문이다. 필자는 초보 때 독서 고수들이 어떻게 읽는지 궁금했다. 그 궁금증을 해소하고 싶어 독서 고수들의 독서법을 연구했다. 독서법 책을 300권 넘게 읽었고, 그중 독서 고수 아홉 명의 독서법을 뽑아 소개한다. 내용을 에피소드 위주로 구성했기 때문에 읽는 데 지루함이 없을 것이다. 참고로 독서 고수에 대한 호칭은 고수로 통일한다.

독서 고수들의 독서 편력 구성은 다음과 같다.

- 독서 고수들의 프로필
- 고수들의 독서 이력
- 고수들이 감명 깊게 읽은 책
- 고수들의 독서 습관
- 고수들의 독서법과 독서론
- 고수들의 독서 조언
- 고수들의 서재
- 고수들이 추천하는 책

경제학 박사 공병호
실용 독서, 핵심만 골라 읽어라

"책을 빨리 읽고, 핵심 내용을 파악한 다음, 그것을 멋지게 활용하라.
책 읽기를 통해 아이디어를 만들어낼 수 없다면, 왜 그렇게 책 읽기를 열심히 하겠는가."
― 공병호 ―

새벽 3시에 일어나 하루 10시간 일하는 억척 공병호

공병호 박사는 자타가 공인하는 경제·경영 분야의 전문가다. 그래서 그에게는 수식어가 많이 붙는다. 자기계발의 대가, 한국 최초의 1인 기업가, 최고의 강연가, 베스트셀러 작가 등이다. 그만큼 그는 다양한 분야에서 왕성한 활동을 하는 우리 시대의 독서 고수다.

공병호 고수는 자신의 삶을 연극의 5막에 비유한다. 그는 자신의 인생 1막은 학창 시절, 2막은 연구원 생활, 3막은 벤처기업 CEO 생활, 4막은 개인 연구소 설립, 5막은 절대 진리를 향한 여행길을 걷는 지금이라고 한다. 그는 인생 5막을 열정적으로 살고 있다. 지금 그의 삶은 스무 살 청년의 열정과 중년 남성의 안정감을 모두 갖춘 모습이다. 하루 10시간 일하는 억척파로 아침형 인간이다. 매일 새벽 3시에 일어나 책을 읽고 글을 쓴다. 이를 두고 그는 '삶의 뿌리', '삶의 중심'이라고 말한다. 그는 "팽이가 돌 때 중심이 있듯이 사람의 삶도 중심이 있어야 한다. 내 중심은 새벽 기상에 있다. 일종의 팽이 중심축에 해당한다. 그게 반복되면 준 신앙이 된다"라고 했다. 그는 이렇게 살지 않았다면 오늘의 자신이 있을 수 없었다고 한다. 그의 삶은 우리가 본받을 만하다. 다음은 공병호 고수가 어떻게 책과 인연을 맺게 됐는지를 알아보자.

본격적인 책 읽기는 직장을 다니면서부터

공병호 고수가 어릴 적, 1960년대의 시골은 책을 살 만한 환경이 되지 못했다. 그래서 책을 좋아했으나 많이 읽지 못했다. 그러다가 본격적으로 책을 읽기 시작한 것은 직장을 다니면서부터였다. 그는 당시 최창락 한국은행 총재를 자주 만났는데, 최 총재의 해박한 지식과 통찰력이 젊은 공병호에게 큰 자극을 주었다. 이를 계기로 공부를 더 해야겠다고 생각했고, 책을 읽기로 마음먹었다.

하지만 책 읽기는 만만한 것이 아니었다. 공병호 고수도 처음에는 우리와 다를 바 없었다. 읽어야 할 책을 고르는 것조차 서툴렀다. 그가 직장 생활을 하면서 업무에 필요한 책을 사려고 생애 처음 광화문 교보문고에 갔을 때 이야기다. 그는 교보문고 입구에 들어서면서 잠시 발을 떼지 못했다. 수많은 책을 보자마자 중압감이 엄습했기 때문이다. 그는 멈춰선 채 '정말 책이 많구나!', '과연 내가 찾고자 하는 책을 찾을 수 있을까?'라는 생각에 망설였다.

그는 서점 안으로 들어가서 또 한 번 난감한 일을 겪었다. 직원에게 묻고 물어 경제경영 코너를 찾았지만, 그곳에는 비슷한 이름의 책들이 서가를 빼곡히 메우고 있었다. 책을 꺼내기도 전에 머리가 아팠다. 책을 고르지 못하고 우왕좌왕하는 자신이 창피해서 연신 '도대체 어떤 책을 골라야 하는 거야?'라고만 중얼거렸다.

그게 끝이 아니었다. 책을 사 와서 읽어보니 도통 이해가 되질 않았다. 그는 '내가 너무 수준 높은 책을 선택한 걸까?', '내 이해력이 부족한 걸까?'라고 생각했다. 게다가 이미 읽은 곳을 되짚어 읽느라 책의 진도가 나가지 않았다. 그러다가 그는 '너무 어려운데 그만 읽을까? 그래도 끝까지 읽어야 하는 것 아닌가?'라고 고민하면서 책을 산 것을 후회하기까지 했다. 공병호 고수도 처음에는 우리와 똑같은 경험을 했다. 하지만 그는 지금 독서 고수가 되어 있다.

나에게 책은 인생 항로의 나침반이다

공병호 고수에게 어떤 책이 감명을 주고 영향을 미쳤을까? 그는 지금까지 살아오면서 책을 읽고 여러 차례 영향을 받았다. 어릴 때는 위인전에서, 청소년기에는 빅터 프랭클의 책에서, 청년기에는 하이에크와 제임스 부캐넌의 책에서, 중년기는 고전과 성경에서 영향을 받았다.

소년 공병호는 자서전을 많이 읽었다. 아데나워와 처칠 같은 정치인의 자서전이었다. 그래서인지 지금도 그는 자서전을 좋아한다. 자서전은 한 사람의 인생 드라마다. 자서전을 읽으면 불행과 역경을 헤쳐 나가는 이야기에 공감할 수 있고, 생생한 지식을 얻을 수 있다. 그런 이유로 그는 자서전이나 평전을 마치 소설처럼 읽었다.

청소년기 공병호는 '왜 공부를 열심히 해야 할까?', '이런 공부들이 나중에 쓸모가 있을까?'라는 고민을 했다. 그때 만난 책이 빅터 프랭클 박사의 《삶의 의미를 찾아서》란 책이다. 그 책을 읽고 공병호는 열심히 살아야 할 이유를 찾았다. 유대인 출신의 정신과 의사인 빅터 박사가 아우슈비츠 감옥에서 살아난 이야기에서 역경을 승리로 바꾸는 방법을 배웠기 때문이다.

청년 공병호는 박사 학위를 받고 직장 생활을 시작한 지 몇 년 지나지 않아 자괴감에 빠진 적이 있었다. 그때 프리드리히 하이에크의 《개인주의와 경제 질서》를 접했다. 그는 이 책을 마치 '스파크'가 일어난 것 같은 흥분 속에서 밤새 읽었다고 한다. 그리고 직장을 그만두고 진로를 바꿨다. 단 한 권의 책이 인간의 삶을 송두리째 흔들 수도 있다는데, 공병호 고수에겐 하이에크의 책이 그랬다.

중년 이후 공병호 고수는 고전과 성경의 숲을 노닐었다. 그는 인류 역사의 주요 고전들을 강독하며 삶의 본질과 의미를 탐구했다. 이를 바탕으로 《공병호의 고전강독》 시리즈를 펴내 대중에게 삶의 지혜를 전파하고 있다. 또 그는 나이가 들면서 근본적인 지혜에 관심을 가졌다. 그래서 성경을 열심히 읽고 성경에서 답을 찾았다. 그 과정에서 하나님을 믿게 되었고, 《공병호의 성경 공부》와 《공병호가 만난 하나님》 등 세 권의 책을 출간했다.

이처럼 공병호 고수는 인생의 전환기마다 책에서 삶의 지혜를 얻었다. 그에게 책은 인생 항로의 나침반이다. 그는 이렇게 말한다. "독서는 세상과 맞설 수 있는 용기와 지혜를 준다. 한 번 그 재미를 알게 되면 영원히 헤어 나올 수 없는 유혹이다." 여러분도 이런 유혹에 한번 빠져 보길 바란다.

책은 사람을 바꾸는 가장 큰 힘이다

공병호 고수는 "나는 호기심이 강하고, 무언가를 계속 알고자 하는 성향이 있다. 거기에 더 나아짐을 향한 욕심도 매우 강하다. 그래서 계속 책을 읽다 보니 책을 좋아하게 되었고, 책을 쓰게 되었다"라고 말한다(《리더의 서재에서》 142쪽). 우리도 이런 마음을 갖는다면 공병호 고수처럼 되지 말라는 법은 없다. 책은 사람을 바꾸는 가장 큰 힘이다.

공병호 고수는 책을 읽는 이유로 두 가지를 꼽는다. 하나는 책을 통해 더 열심히 살아야 할 이유를 찾을 수 있다는 것이고, 다른 하나는 책을 통해 다른 사람에게 긍정적인 영향을 미칠 수 있다는 것이다.

공병호 고수가 말하는 첫 번째 이유는 이렇다. 어릴 적에는 부모님에게 칭찬과 꾸중을 들으며 가르침을 받는다. 그 가르침이 나중에 큰 영양을 준다. 하지만 성인이 되면 그런 가르침을 받지 못한다. 그러니 자신이 잘 살고 있는지 아닌지 모를 수 있다. 이때 책이 부모님처럼 스승이 되어 준다. 공병호 고수는 "내가 책을 많이 읽는 이유는 바로 책을 읽음으로써 스스로 칭찬하기도 하고 반성하기도 하면서 더 열심히 살아야 할 이유를 찾을 수 있기 때문이다"라고 말한다.

다음으로 공병호 고수가 중요하게 여기는 것은 바로 책을 통해 사람들에게 긍정적인 영향을 미치는 것이다. 책에서 새로운 지식을 얻고, 이를 재창조해서 필요한 사람에게 나누는 것이다. 그러면 다른 사람에게 새로운 기회나 희망을 줄 수 있다. 그게 가능한 이유는 지식은 사람을 변화시키는 가장 큰 힘이기 때문이다. 따라서 지식을 담고 있는 책은 사람을 바꾸는 강력한 도구다.

공병호 고수의 독서 습관은 전천후 독서와 전투 독서다

공병호 고수의 독서 습관은 먼저 자투리 시간을 최대한 활용하는 전천후 독서다. 그는 틈만 나면 책을 읽는다. 거의 중독 수준이다. 그는 항상 가방에 책을 두세 권 넣고 다닌다. 그러면서 차를 기다릴 때, 지하철 안에서, 사람을 기다릴 때, 잠시 머리를 식힐 때 어김없이 책을 펼친다. 5분, 10분, 20분 자투리 시간에 읽는다. 그는 자투리 시간을 이용한 독서의 좋은 점을 《공병호의 자기경영노트》에서 "무엇보다도 이 시간은 데드라인이 정해진 시간이기 때문에 장시간 확보한 시간보다도 훨씬 집중할 수 있어서 좋다"라고 밝혔다.

공병호 고수는 자투리 시간뿐 아니라 새벽에 눈을 뜨자마자 책을 읽고, 화장실에서도 읽고, 잠자기 전에도 책을 읽는다. 그에게는 독서가 생활의 일부분이다. 그는 "내가 책 읽기를 생활 일부분으로 받아들이기 시작한 것은 멋진 삶을 살고 싶다는 욕망에서부터 시작되었다. 책 읽기를 통해 시공간을 초월해서 다양한 인물과 사건을 만날 수 있다. 그래서 나는 틈만 나면 책을 읽는다"라고 했다(《책, 세상을 탐하다》 59쪽). 공병호 고수에게 독서는 일이고 취미이고 특기다.

다음은 전투 독서다. 바쁜 일정을 소화하다 보면 집중적인 독서 시간을 갖기 어렵다. 그래서 며칠 책 읽기가 소원해지면 머리가 비어가는 느낌을 받는다. 그럴 때 공병호 고수는 만사를 제쳐놓고 몇 시간 동안 집중해서 책을 읽는다. 또 그는 기분이 울적하거나 마음을 잡을 수 없을 때, 피곤할 때도 독서에 깊이 빠진다. 한 시간도 좋고 두 시간도 좋다. 어떨 땐 반나절이나 온종일 읽기도 한다. 이때 하는 독서가 바로 전투 독서다. 책에 목숨 건 사람처럼 치열하게 읽는다. 그는 자신의 트위터에 "나는 일단 책을 읽어야겠다고 마음먹으면 몇 시간 동안 마치 적이 앞에 나타난 것처럼 그리고 총을 쏘는 것처럼 책을 읽는다"라고 글을 올리기도 했다. 그만큼 집중해서 읽는다는 뜻이다.

이렇듯 공병호 고수는 주로 자투리 시간을 이용해 책을 읽지만, 많은 시간을 할애해 집중적으로 읽기도 한다. 그가 매달 수십 회의 강연을 하는 바쁜 일정 속에서도 두세 달에 한 권씩 책을 써내는 비결은 바로 이런 독서 때문이다. 또 장르를 가리지 않고 책을 읽고 꾸준하게 신간을 읽으며 읽은 내용을 데이터화하는 천부적 성실성을 갖춘 열혈 독서광이기 때문이다.

80/20 법칙을 응용한 공병호 고수의 독서 전략

공병호 고수는 자신의 저서 《공병호의 자기경영노트》에서 '책 읽기와 80/20 법칙'을 소개하고 있다. 원래 '80/20 법칙'은 영국 작가 리처드 코치가 《80/20 법칙》에서 주장한 것이다. 이는 투입량, 원인, 노력 중에서 작은 부분이 대부분의 산출량, 결과, 성과를 이뤄낸다는 법칙이다. 다시 말해 투입량 중에서 20퍼센트가 산출량의 80퍼센트를 만들어내고, 원인 가운데 20퍼센트가 결과의 80퍼센트를 가져오며, 노력의 20퍼센트가 성과의 80퍼센트를 만든다는 것이다. 공병호 고수는 이 법칙을 독서에 응용했다.

공병호 고수는 이 법칙이 책 읽기에도 그대로 적용된다고 한다. 책에서 핵심적인 메시지는 책의 20퍼센트 안에 들어 있다. 그러니 그 20퍼센트만 제대로 뽑아 읽으면 된다. 책은 처음부터 끝까지 꼼꼼히 읽어 나가야 한다는 고정관념을 버리고 과감하게 핵심만 골라 읽을 필요가 있다.

요즘은 누구나 바쁘다. 그렇게 바쁘다 보니 시간이 없어 책을 못 읽는다고 한다. 그런 사람들에게 꼭 필요한 것이 80/20 법칙을 응용한 독서 전략이다. 짧은 시간 안에 책의 핵심을 파악하는 법을 익힌다면 시간의 제약에서 벗어날 수 있다. 그렇다면 어떻게 20퍼센트의 핵심을 골라 읽을 것인가? 공병호 고수는 8가지 포인트를 제시했다. 이른바 '공병호의 독서 8계명'이다.

첫째, 세상이 아무리 바뀌어도 지식의 원천은 역시 책이다.

세상에 인터넷이 등장하면서 머지않아 종이책은 사라질 것이라 예상했다. 그러나 책은 여전히 존재하고 있다. 책은 아날로그적인 특징과 디지털적인 특징을 동시에 지녔기 때문이다. 생각하면서 아이디어를 다듬을 수 있는 도구는 역시 책밖에 없다.

둘째, 본전 생각으로부터 자유로워야 한다.

아무리 두꺼운 책이라도 핵심은 20퍼센트의 분량 안에 들어 있다. 그러니 책값이 아깝다는 생각에 처음부터 끝까지 읽는다는 의무감을 버려야 한다. 20퍼센트에서 핵심만 골라 읽으면 된다. 짧은 시간 안에 핵심만 골라 읽는다는 가벼운 생각으로 독서에 임하는 자세가 필요하다.

셋째, 20퍼센트 내외의 핵심은 서문, 목차, 맺는말과 초기의 핵심 장에 숨어 있다.

실용서는 80/20 법칙에서 벗어나는 책이 드물다. 책의 핵심은 서문과 목차에서 대부분 찾을 수 있다. 책을 읽을 때 서문을 읽고 난 다음에 목차를 보면서 꼭 필요한 부분을 뽑아서 읽는다. 또 서점에서 책을 고를 때도 서문과 목차에서 자신이 필요한 부분이 있는지 찾아 보고 선택하면 실패할 확률이 낮다.

넷째, 구매 즉시, 혹은 24시간 이내에 책의 핵심 부분을 읽는다.

사람의 호기심은 시간이 지날수록 사라지기 마련이다. 아무리 읽고 싶어 구매한 책이라도 바로 읽지 않고 책장에 꽂아 두면 읽을 가능성은 떨어진다. 책을 사면 일단 30분이나 1시간 정도 시간을 투자해 핵심 부분만이라도 읽는 습관을 들인다. 여의치 않으면 24시간 안에는 읽도록 한다.

다섯째, 책을 무자비하게 다룬다.

사람들은 지나치게 책을 소중히 다룬다. 얌전하게 책을 읽는 것은 세상에 도움이 되지 않는다. 보통 고정관념 때문에 책을 대하는 태도가 사뭇 진지하다. 즉, 엄숙하게 책을 읽는다는 뜻이다. 그럴 필요 없다. 책을 신문 대하듯 가볍게 여기자. 누워서 읽고, 서서 읽고, 화장실에서 읽고, 침대에서도 읽는다. 읽다가 아무렇게나 던져놔도 되고 접어도 되고 찢어서 들고 다니면서 읽어도 된다. 책은 편하게 대하는 것이 좋다.

여섯째, 중요 문장이나 내용은 펜으로 마음껏 표기한다.

책을 읽으면서 중요한 문장에 밑줄을 긋고, 중요 단어에 동그라미를 치고, 아주 중요한 부분에 별표를 한다. 이런 방법은 중요한 부분을 쉽게 찾을 수 있게 도와주고, 오래 기억하게 한다. 인간의 두뇌는 색이나 도형 등의 표기를 오래 기억하기 때문이다.

일곱째, 중요한 내용이 담긴 페이지의 모서리를 다양한 방식으로 접 어서 표시한다.

이 방법은 책을 읽고 나서 내용을 기억해 내거나 다시 찾을 때 유용 하다. 중요도에 따라 하단이나 상단 모서리를 접고, 접는 방법도 한 번 이나 두 번, 세 번으로 달리 하는 것이 좋다.

여덟째, 인상 깊게 읽었던 책은 가까운 곳에 두고 가끔 펴본다.

같은 책이라도 글을 읽는 나이, 처한 상황, 책을 읽는 분위기 등에 따 라 다양한 모습으로 다가온다. 그렇기에 인상 깊게 읽었던 책은 가까운 곳에 두고 가끔 다시 읽는 게 좋다. 이런 책을 베갯머리 책이라고 하는 데, 자신이 늘 참고할 수 있는 책을 가까이 두고 수시로 읽는 것은 문제 해결과 위기 극복에 도움이 된다.

공병호 고수의 핵심만 골라 읽는 실용 독서 기술

공병호 고수는 하루에 한두 차례의 강연 일정을 소화해야 하는 바 쁜 사람이다. 그런데도 하루 한 권 이상의 책을 읽는다. 어떻게 가능할 까? 비결은 실용 독서에 있다. 실용 독서란 한마디로 '책을 빨리 읽고,

핵심 내용을 파악한 다음, 그것을 멋지게 이용하는 방법'이다. 촌음을 아끼면서 살아가는 사람들에게 필요한 독서 기술이다. 그는 《핵심만 골라 읽는 실용 독서의 기술》이란 책에서 실천 방법 14가지를 소개하고 있다.

1. 구미 당기는 음식을 골라 먹듯 처음에는 좋아하는 책부터 읽어라.

독서에 익숙하지 않을 때는 우선 독서의 효용성이나 즐거움, 유쾌함을 느낄 수 있는 종류의 책부터 읽기 시작하는 것이 좋다. 책 읽기도 자신만의 방식을 고집할 필요가 있다. 내게 필요한 책, 내가 좋아하는 책을 읽는다. 그러니까 '나의 길을 간다'라는 원칙을 늘 염두에 둘 필요가 있다.

2. 몇 권을 준비했다가 재미가 없거나 지루해지면 다른 책을 읽어라.

보통 한 권을 다 읽은 다음 다른 책으로 넘어간다. 그러면 한 권을 완독하는 데 많은 시간이 걸리므로 지루해하다가 다 읽지 못하고 포기하게 된다. 효과적인 독서를 원한다면, 한 권을 고집하기보다 항상 몇 권의 책을 대기 상태로 두어야 한다. 주제가 다른 책, 무거운 주제를 다룬 책, 가벼운 주제를 다룬 책 등을 준비한다. 읽다가 재미가 없거나 지루하면 즉시 주제를 바꾸어 다른 책을 읽는 것이다.

3. '수평 독서'와 '수직 독서'를 병행하라.

수평 독서란 책 읽기의 범위를 넓혀가는 독서를 말한다. 평소에는 수평 독서로 정보의 축적과 관심 영역을 서서히 넓혀간다. 하지만 수평 독서만으로 충분하지 않다. 수직 독서도 필요하다. 수직 독서란 특정 주제에 대한 깊은 독서를 말한다. 예를 들면 '유대인들은 왜 잘 사는가?'라는 호기심이 생기면 이와 관련된 책을 10권 정도 사서 깊이 있는 독서를 하는 것이다. 이같이 관심 분야를 깊게 읽는 '수직 독서'와 범위를 넓혀가는 '수평 독서'를 병행한다.

4. 수량 목표를 세우고 읽어라.

독서는 목표가 있을 때와 없을 때가 큰 차이가 난다. 목표를 이루는 데는 수량 지수가 크게 도움이 된다. 데드라인을 정하고 몇 권을 읽겠다는 목표를 정한다. 예를 들면 한 달에 몇 권, 일 년에 몇 권 읽겠다는 목표를 세워 읽으면 도움이 된다.

5. 언제, 어디서나 틈틈이 읽어라.

사람들은 연속적인 시간이 있어야 책을 읽을 수 있다고 생각한다. 하지만 그런 시간을 내기가 어렵다. 그러니 연속적인 시간이 있어야 책을 읽는다는 고정관념을 버려야 한다. 틈틈이 짬 나는 대로 읽어야 한다. 자투리 시간을 이용하는 것이다. 한 자리에 느긋이 앉아서 책을 읽을 수 있는 여건을 갖춘 사람은 드물다. 독서는 언제, 어디서나 틈틈이 하는 활동이어야 한다.

6. 관점을 바꿔 틈새 시간을 독서 시간으로 배정하라.

너무 바빠 독서 시간을 내기 어렵다는 사람이 많다. 맞는 말이다. 바쁜 일상에서 책 읽을 시간을 내기란 쉽지 않다. 하지만 관점을 바꾸면 독서 시간을 만들 수 있다. 아무리 바쁜 사람도 틈새 시간은 있다. 그 틈새 시간을 다른 데 쓰지 말고 책 읽는 데 먼저 배정하면 된다. 하고 싶은 것 다 하고 독서를 하려니 책 읽을 시간이 없는 것이다. 관점을 바꾸면 책 읽을 시간이 생긴다.

7. 책에 대한 엄숙주의를 버리고 책을 가볍게 대하라.

책이란 어떤 사람의 생각, 의견, 믿음, 혹은 객관적인 사실이나 정보가 담긴 용기라고 가볍게 생각하는 것이 좋다. 책이라는 용기를 너무 진지하게 대할 필요는 없다. 마치 음료수를 마실 때 그 용기를 신줏단지처럼 모시지 않는 것과 같다. 책을 함부로 다루는 것이 오히려 책을 사랑하는 것이다. 영국의 시인 조지 고든 바이런은 자신의 책 사랑을 이렇게 표현하지 않았던가. "나는 그 책들의 상태에 대해서는 전혀 신경을 쓰지 않는다. 내가 원하는 것을 얻기 위해 밑줄도 긋고, 여백에 메모하기도 하고, 뜯어내기도 하고, 떨어뜨리기도 하고, 갈가리 찢기도 하고, 공개적으로 말하기 뭣한 짓을 하기도 한다." 이렇게 책을 가볍게 대하라.

8. 과감하게 필요한 부분만 골라 읽어라.

보통 책은 성실히 처음부터 끝까지 꼼꼼히 읽어야 한다고 믿는다. 그럴 수 있다. 하지만 실용서는 그런 고정관념을 버리고 읽어야 한다. 실용서는 필요한 부분만 골라서 읽는 쪽이 지극히 정상적이라는 믿음을 가져야 한다. 그럼 어떻게 핵심만 골라 읽는가? 우선 책 겉표지와 날개에 실린 내용을 읽는다. 여기에는 출판사가 책을 광고할 목적으로 책의 핵심을 뽑아 놓는다. 다음은 저자 소개를 읽는다. 여기서 저자의 전문성을 파악할 수 있다. 그리고 서문을 읽는다. 서문은 저자의 집필 의도나 저자가 독자에게 전하고자 하는 메시지를 담고 있다. 다음은 목차를 본다. 목차는 책의 지도다. 여행하면서 지도를 보고 갈 곳을 정하듯 목차를 보고 읽을 곳, 즉 내게 필요한 부분이 어딘지 찾아 읽는다. 본문은 첫 부분과 마지막 부분을 주의 깊게 읽는다. 저자는 본문 첫 부분과 마지막 부분에 상대적으로 정성을 많이 들이고 중요한 내용을 포함한다. 이렇게 필요한 부분만 골라 읽는 훈련을 할 필요가 있다.

9. 전모를 파악하고 시작하라.

읽는 부분이 전체 맥락에서 어디에 해당하는지 수시로 확인한다. 숲 속에서 길을 잃는 경우가 있듯이 독서할 때도 비슷한 일이 자주 일어난다. 책의 전체 맥락을 놓치는 경우를 말한다. 책을 읽어 나가면서 수시로 이 부분이 전체 맥락에서 어디에 해당하는지 확인해야 한다. 이때 목차로 되돌아가서 확인하면 효과적이다. 본문을 공략할 때 두 단계를 거쳐 책을 독파하는 것이 좋다. 우선 특정 부문에 머물지 않고 전체를 가볍게 훑는다. 책을 빠르게 훑으면서 전체를 파악하는 단계다. 다음은 세부적인 정보나 부문에 집중하는 전통적인 독서법을 사용한다. 이때 이 부분이 전체적인 틀 속에서 어느 부분에 해당하는지 인지한 상태에서 읽는 게 효과적이다.

10. 마크업을 적극적으로 활용하라.

책에 밑줄, 동그라미, 별표 등 자신만의 흔적을 남긴다. 이때 여러 가지 색깔 펜을 사용하면 효과적이다. 책에 다양한 흔적을 남기는 이유는 두 가지다. 하나는 두뇌에 특정 정보를 강렬한 인상과 함께 입력해 나중에 떠올리기 쉽게 하기 위함이다. 다른 하나는 읽었던 정보를 필요할 때 신속하게 찾아내 활용하기 위함이다.

11. 제대로 읽어라.

지금은 옛날처럼 소리 내 한 자 한 자 읽지 않는다. 새로운 독서법의 포인트는 정보를 읽는 속도다. 빠른 속도로 건져 올리는 정보의 양과 질을 동시에 획득하는 방법이다. 이런 독서법은 단어 하나하나를 또박또박 읽어서는 안 된다. 눈으로 읽는다는 생각보다 눈으로 본다는 생각으로 읽는다. 쓱 훑어보면서 눈이 머무는 곳을 뽑아서 읽는다. 이런 독서법으로 읽을 때는 반드시 책에서 무엇을 얻고 싶은지와 같은 뚜렷한 목표의식이 있어야 한다. 그렇지 않으면 정말로 책을 훑고 지나가는 꼴이 된다.

12. 자기 생각을 세우고 저자에게 질문을 던지면서 읽어라.

독서는 저자와 대화를 나누는 것이다. 저자의 생각을 그대로 받아들이는 수동적 대화와 저자의 의견이나 주장에 반응하는 능동적인 대화가 있다. 우리는 능동적인 대화가 필요하다. 능동적인 대화는 저자에게 적극적으로 질문을 던지는 것이다. 질문을 던질 때는 자기 생각을 세우는 것이 중요하다. 자기 생각이 없으면 저자의 생각에 대한 질문을 던질 수 없게 된다. 그럼 어떤 질문을 던지는 건가? 예를 들면 '나의 의견이나 생각은 저자와 같은가, 다른가?', '왜 다르게 생각하는가?' 등이다.

13. 자신의 목적과 필요에 맞춰라.

책 읽기란 필요를 충족시키겠다는 목적의식이 있는, 즉 '주제 있는 독서'가 되어야 한다. 책을 읽을 때는 이 책을 왜 읽는지, 무엇을 얻고 싶은지 생각해야 한다. 누구에게나 책이 방아쇠(생각과 행동을 바꾸는 자극제) 역할을 하는 게 아니다. 독자가 뚜렷한 목적과 필요를 인식하고 있는 상태에서 독서를 할 때 그게 가능하다. 책 읽기의 목적과 필요를 효과적으로 달성하려면 어떻게 해야 하는가? 그냥 읽기보다 목적과 필요에 맞는 부분을 효과적으로 찾아내야 한다. 그리고 나중에 그것을 제대로 활용할 수 있어야 한다. 그렇게 하려면 자신의 목적과 필요에 따라 책을 재구성해야 한다. 예를 들어 책을 읽으면서 현안 과제나 앞으로 해결해야 할 과제와 관련된 내용이 나오면 그것을 한군데 정리해 둔다. 즉, 책의 앞면이나 뒷면 여백에 간단하게 자신에게 맞는 제목을 붙이고 그 밑에 관련 내용이 나오는 페이지를 정리해 둔다. 다시 말해 목적과 필요에 맞는 내용이 나오는 페이지를 따로 적어 목차를 만든다. 이렇게 한 다음 나중에 필요할 때 그 페이지를 쉽게 찾아 활용하는 것이다.

14. 천천히 읽어야 할 책은 느슨하게 천천히 읽는다.

빠른 독서만이 전부가 아니다. 긴장을 풀고 느슨하게 그리고 천천히 처음부터 끝까지 읽어야 할 책이 있다. 자서전은 천천히 읽으면서 타인의 삶을 통해 삶의 지혜나 덕목을 배운다. 그러면서 자신을 돌아보게 된다. 책이란 저자의 이야기를 통해 자신을 읽는 것이라 하지 않던가.

지적 호기심을 잃어버린 중년들, 책 읽기를 다시 시작하라

공병호 고수는 중년들에게 묻는다. "여러분의 지적 호기심은 어떤 수준인가?"라고. 왜 이런 질문을 하는 걸까? 요즘 사람들이 40대를 전후해서 정신적 은퇴 상태에 들어가기 때문이다. 지적 호기심이 떨어져 새로운 것을 배우려 하지 않는다. 새로운 걸 배우고 익히지 않으면 시대의 변화를 따라가지 못한다. 그러므로 중년이 되어도 지적 호기심은 계속 유지해야 한다.

세상은 많이 변했다. 과거의 경험이나 경력, 나이가 그 어떤 것도 담보해 줄 수 없는 시대가 되었다. 그렇기에 변화에 적응해 나가려면 지적 호기심을 되살려야 한다. 지적 호기심을 살리는 데는 독서가 최고다. 책을 읽으면 자기 성찰을 하게 되므로 자신이 모르는 것이 많다는 것을 깨달아 지적 호기심이 생기기 때문이다. 지적 호기심을 갖고 많은 책을 읽어 지식을 축적함으로써 변화에 적응할 수 있다.

공병호 고수는 중년들에게 이렇게 제언한다. "만일 여러분이 나이 40이라면, 앞으로 얼마나 많은 변화를 경험하게 되겠는가? 최소한 40년에서 50년 정도 더 살 수 있다고 가정하라. 극심한 변화 속에서 자신을 만들어 가는 방법을 찾아야 한다. 의욕과 의지를 북돋우고, 지적 호기심을 충족시키는 데는 독서가 큰 힘이 되어 줄 수 있다."(《세계일보》 '공병호의 성공 제안' 2004. 2. 16.)

그럼 어떻게 읽을 것인가? 공병호 고수는 세 가지를 권한다. 첫째, 처음에는 좋아하는 분야부터 시작하라. 책 읽기란 일단 가속이 붙고 나면 분야를 허물어 버리는 경향이 있다. 따라서 평소에 관심을 가진 익숙한 분야부터 시작하는 것이 좋다. 관심 분야는 좋아하게 마련이다.

둘째, 큰맘 먹고 읽을 필요는 없다. 출퇴근 시간도 좋고 아무 때나 시간이 날 때면 항상 읽는다. 지하철, 공항, 이발소, 자동차 등 어느 곳에서든지 짧은 시간 동안 책을 읽을 수 있다.

셋째, 재미로 읽든, 아니면 어떤 목적을 갖고 읽든 항상 자신의 직업과 연결 고리를 만들어라. 그래야 동기 유발이 되고 동기 유발이 되면 자연스럽게 흥미도 느끼게 된다. 이것은 그냥 주어지는 것이 아니라 스스로 그런 자세로 독서할 때만 얻을 수 있다.

공병호 고수의 서재는 지식을 만드는 공간이다

공병호 고수의 서재를 둘러보자. 그의 서재는 거실이요, 서재요, 연구실이다. 서울 강서구 가양동 58평 아파트 거실에는 2만여 권의 책이 사방 벽면 전체를 빼곡하게 메우고 있다. 마치 도서관 같다. 그는 "서재는 나의 일상이자 삶의 공간 그 자체다. 나는 이 서재에서 새로운 지식을 만나고 생각하고 다시 창조한다"라고 말한다(네이버 〈지식인의 서재〉 중에서). 그러니 공병호 고수의 서재는 지식을 만드는 공간일 수밖에 없다.

공병호 고수에게 책은 그를 전문가로 우뚝 설 수 있게 해준 버팀목이다. 그래서 책에 애착을 갖는다. 그가 본격적으로 책을 수집한 것은 박사 학위를 마친 20대 후반부터다. 책 사냥꾼이 된 그는 많은 책을 사 모았다. 그는 시간이 부족해 서점은 자주 가지 못하고, 주로 온라인 서점을 이용한다. 책을 살 때는 쓸어 담듯이 한다. 온라인 서점에서 그동안 나온 신간들을 훑어보고 웬만한 책은 다 주문해 버린다. 주말에는 주요 일간지 서평 코너를 보다가 재미있을 것 같거나 도움이 될 만한 책은 바로 주문한다. 그렇게 모은 책이 지금은 2만 권이 넘는다.

이렇게 많은 책을 공병호 고수는 어떻게 관리할까? 장서가들의 고민

거리 중 하나는 책 보관이다. 공병호 고수도 예외는 아니었다. 처음에는 온 집 안에 책이 그냥 흩어져 있었다. 그러다 보니 책을 찾는 게 무척 힘들었다. 게다가 원하는 책을 찾는 데 시간이 너무 많이 걸려 책을 읽고 쓰려니 많이 불편했다. 이런 불편을 겪으면서 그는 나름대로 책 정리 방식을 터득했다. 그의 책 분류 방식은 도서관의 분류 방식과는 조금 다르다. 그는 '가지고 있는 책이 어떤 것인지', '좋아하는 것이 무엇인지'에 초점을 맞춰 분류했다.

책 정리 방식은 이렇다. 먼저 많이 읽는 장르의 순위에 따라 책장을 정리했다. 예를 들면 자기경영, 리더십, 역사, 기업경영, 인문, 소설 등으로 장르를 나눴다. 가장 많이 읽는 장르를 1번, 다음을 2번, 3번 이런 순으로 나눠 책마다 일련번호를 부여했다. 책장을 정리한 다음 모든 책을 컴퓨터에 입력하고, 키워드 색인이나 작가 색인 등으로 분류 체계를 만들어 정리했다. 이렇게 책을 정리한 결과 찾고자 하는 도서명만 컴퓨터에 입력하면 바로 어디에 있는지 알 수 있었다. 그리고 새로 들어온 책은 한곳에 모아두었다가 1년에 두 번 정도 분류해 정리한다.

공병호 고수가 추천하는 책
《통찰과 포용》, 하워드 가드너, 북스넛
이 책은 공병호 고수가 강연이나 칼럼에서 자주 추천하는 책이다. 내용은 리더십 능력에 대한 것이다. 어떤 사회, 문화, 가정의 조건에서 그 능력이 더 잘 훈련되고 다듬어질 수 있는지를 주요 화두로 삼고 있다.

《치명적 자만》, 프리드리히 하이에크, 자유기업원

20세기의 가장 걸출한 자유주의 경제학자이자 사회 철학자가 현대 문명과 자본주의의 관계에 관해 쓴 책이다. 이 책은 자유주의 시장경제 이념을 존중하고 따른 사회만이 찬란한 문명과 인간다운 사회를 건설할 수 있었다는 것을 보여 준다.

《죽음의 수용소에서》, 빅터 프랭클, 청아출판사

로고 테라피를 창시한 정신과 의사이자 죽음의 수용소에서 살아남은 저자의 체험담이 삶의 본질로 다가가는 깊은 성찰을 돕는다. 이 책은 불안감과 허무감에 쉽게 휩쓸리는 현대인에게 정신적 기초를 다질 수 있도록 도움을 준다.

《포트폴리오 인생》, 찰스 핸디, 에이지 21

세계적 자기계발 대가의 대표작이다. 어떻게 인생을 살아야 하는가, 어떤 삶이 올바른 삶인가, 어떤 방법으로 성공적인 인생을 만들어 갈 것인가를 다룬다. 이론이 아니라 저자의 삶을 토대로 인생의 지혜를 제시하는 책이다.

광고인 박웅현
책은 도끼다

"내가 읽은 책들은 나의 도끼였다. 나의 얼어붙은 감성을 깨뜨리고 잠자던 세포를 깨우는 도끼.
도끼 자국들은 내 머릿속에 선명한 흔적을 남겼다. 어찌 잊겠는가?
한 줄 한 줄 읽을 때마다 쩌렁쩌렁 울리던, 그 얼음이 깨지는 소리를."
– 박웅현 –

광고계 스타, 베스트셀러 작가 박웅현

박웅현 'TBWA 코리아 크리에이티브' 대표는 광고계 '미다스의 손'(손 대는 일마다 성공을 거둔다는 의미)으로 불리는 광고인이다. 또 베스트셀러 작가이며 대단한 독서가다. 그는 대중의 뇌리에 팍팍 박히는 광고를 잇달아 내놓았다. 그는 칸 국제광고제와 아시아태평양 광고제 심사위원을 맡았고, 국내외 광고상도 20여 차례 수상했다. 그는 광고인, 작가, 강연가로서 우리 시대의 독서 고수다.

박웅현 고수는 광고계에서 보기 드물게 장수하고 있다. 사람들은 박웅현이란 이름은 몰라도 그가 만든 광고는 잘 안다. 그가 만든 카피는 시대를 대표하기 때문이다. 그는 인문학적인 감수성과 인간을 향한 따뜻한 시선을 바탕으로 감동적인 광고를 많이 만들었다. 대표적인 카피는 〈그녀의 자전거가 내 가슴속으로 들어왔다〉, 〈넥타이와 청바지는 평등하다〉, 〈나이는 숫자에 불과하다〉, 〈2등은 아무도 기억하지 않는다〉 등이다. 이런 관록이 수명 짧기로 소문난 광고계에서 그를 장수하게 했다. 그는 50대 중반의 나이가 무색할 정도로 30년째 활발하게 광고 일을 하고 있다.

박웅현 고수는 베스트셀러 작가다. 그는 《책은 도끼다》, 《다시, 책은 도끼다》라는 책을 냈다. 이 책은 책을 읽고 느낀 점을 대중을 대상으로 강연한 내용을 엮은 것이다. 자신이 읽은 책이 어떻게 창의력과 감수성을 일깨워주었는지 소개하고 있다. 그리고 《인문학으로 광고하다》, 《여덟 단어》 등 다수의 책을 출간했다. 그중에서 《책은 도끼다》와 《여덟 단어》가 100쇄를 돌파했다. 하지만 그는 유명한 작가가 되고 싶다는 생각은 없다고 한다. 그의 목표는 조용히, 책을 읽으며 사는 삶이다.

독서 덕택에 광고계 지진아에서 광고계 스타로

박웅현은 대학을 졸업하고 1987년 제일기획에 들어갔다. 그러나 그를 기다리고 있는 것은 화려한 데뷔가 아니었다. 지진아에다가 왕따라는 평가가 기다리고 있었다. 그는 3년 동안 팀에서 지진아로 찍혀 회의에도 참석하지 못했다. 전화 당번만 했다. 오죽했으면 그때를 스스로 왕따, 광고계의 지진아였다고 할까.

왕따를 당한 이유는 뭘까? 박웅현은 팀의 다른 사람들과 사고방식이 달랐다. 팀원들은 광고인답게 직관적인 생각을 했다. 그러나 박웅현은 논리적으로 생각했다. 10년 동안 기자가 되겠다고 그쪽만 공부하고 생각했으니 당연한지도 모른다. 그런데 그는 회의 때마다 직관적으로 생각하는 동료들에게 이유를 따져 물었다. 이런 그를 다른 사람들은 이해하지 못했다. 얼마 후 선배들이 방해만 된다며 그를 아예 회의에 부르지도 않았다.

그에게는 당시 웃지 못할 에피소드가 있다. 3년 동안 바가지로 머리를 치며 시간을 보낸 이야기다. 당시 어머니가 아들이 회사에 취직했다고 그에게 조롱박을 대여섯 개 사 주셨다. 종이컵 대신 사용하라는 것이었다. 그는 모두 회의에 들어가고 나면 혼자 사무실을 지켰다. 하필 책상 배치도 벽을 바라보게 되어 있었다. 그때 박웅현은 벽을 보고 앉아 책을 보면서 바가지로 머리를 톡톡 쳤다. 그러다 바가지가 깨지면 다른 바가지로 쳤다. 얼마나 마음이 힘들었으면 물 잔으로 사용하라고 사 준 바가지로 머리를 두드렸을까. 그의 심정이 이해된다. 박웅현 고수는 당시를 '마음속에 사표를 품고 다닌 벙어리 3년'이라고 표현한다.

하지만 그에게도 기회는 찾아왔다. 그는 왕따 시절 마땅히 할 일도 없고 해서 스스로 회의록을 정리했다. 기록하고 정리하는 것은 자신이 있었기 때문이다. 그는 정리한 회의록을 복사해 사람들에게 돌렸다. 이 모습을 지켜본 당시 오영곤 부장이 그의 재능을 알아봤다. 오 부장은 박웅현이 작성한 회의록은 요점이 논리적으로 정리돼 있다고 했다. 그런 뒤부터 오 부장은 자신이 참석하는 회의마다 박웅현을 데리고 다니면서 회의록을 쓰게 했다. 그리고 오 부장은 주변 사람들에게 박웅현을 칭찬했다. 그러자 사람들의 평판이 달라지기 시작했다. "네가 박웅현이냐?"라며 말을 걸어오는 상사들이 생겼다. 그들은 박웅현에게 카피를 쓰는 일도 맡겼다.

그렇게 시작된 박웅현의 카피 작업은 성공을 거듭했다. 어느 해는 제일기획 우수 광고로 뽑힌 12편 중 7편이 박웅현이 만든 작품이었다. 그는 제일기획에서 17년간 일했다. 그리고 그는 2004년 글로벌 광고회사로 옮겨 2014년부터 '광고계의 스타'로 불리는 TBWA 코리아 대표가 됐다. 이렇게 박웅현 고수가 광고계에서 급부상할 것이라고 예상한 사람은 아무도 없었다. 하지만 그는 독서와 사색을 통해 사람들의 마음을 사로잡는 인문학적 감성을 획득한, 준비된 사람이었다.

독서가 광고계 스타를 만든 원동력이었다

박웅현 고수는 책을 사랑한다. 그는 베스트셀러 작가라고 칭송을 받는 것보다 독서가라는 말을 듣는 걸 더 좋아할 정도로 애독가다. 그러나 다독가는 아니다. 그는 일 년에 30권에서 40권 정도 읽는다. 한 달에 세 권 정도의 독서량이다. 대신 깊이 읽는다. 한 문장 한 문장 꾹꾹 눌러 읽는다. 그는 이를 '들여다보기 독서법'이라 한다. 이런 독서법이 그를 광고계 스타로 만든 일등 공신이다. 그의 독서 이력을 살펴보자.

박웅현 고수의 독서는 중학교 시절로 거슬러 올라간다. 당시 중학교 국어 선생님이 참고도서를 많이 읽도록 했다. 그리고 독후감 숙제를 내주고 발표를 시켰다. 그때 발표자로 박웅현이 단골로 지명됐다. 같은 반 친구 몇 명이 경쟁자였는데, 그는 그들보다 많이 읽고 잘 쓰려고 노력했다. 이때 그는 《호밀밭의 파수꾼》, 《개선문》, 《폭풍의 언덕》, 《수레바퀴 아래서》, 《인간의 굴레》 같은 소설을 닥치는 대로 읽었다. 이렇게 그는 중학생 때 책 읽기에 재미를 붙였다.

독서에 재미를 붙인 그는 고등학생 시절 밤마다 《죄와 벌》, 《악령》, 《카라마조프가의 형제들》, 《그리스인 조르바》를 읽었다. 대학생 때는 한국 문학에 심취했다. 이문열의 《사람의 아들》, 《젊은 날의 초상》을 비롯해 황석영, 이외수, 김원일, 이청준, 오정희 등의 작품을 탐독했다. 그는 저녁 늦게까지 도서관에서 살다시피 했다. 이런 독서가 그에게 인문학적 감수성을 키워 주었다.

그런데 아이러니하게도 독서는 기자의 꿈(박웅현의 어릴 적 꿈은 기자였다)을 이루는 데 장애물이었다. 기자가 되려면 언론사 입사 시험인 소위 '언론고시'를 준비해야 했다. 그런데 그는 언론고시 공부는 접고 소설만 읽었다. 결국 그는 언론고시에서 낙방했다. 이때 에피소드가 재미있다. 친구들은 언론고시에 필요하다며 상식에 관한 책을 열심히 팠다. 그런데 그는 보란 듯이 도서관에서 톨스토이의 《안나 카레니나》를 읽었다. 이를 본 친구들이 그에게 한심하다는 눈빛을 보냈다. 그러나 그는 그들에게 "그게 상식이냐? 이게 상식이지"라고 쏘아붙였다. 그는 잡다한 상식을 영혼 없이 머릿속에 집어넣는 대신, 고전 하나를 깊이 음미하고 그 안의 세계를 탐색해 나아가는 사람이었다. 이렇게 인문학적 소양을 갖춘 그는 기자의 꿈을 접고 광고 회사인 제일기획에 들어갔다.

그가 제일기획에 들어가선 어땠을까. 제일기획에서도 마찬가지였다. 남들은 광고에 필요한 마케팅 이론서를 읽는데, 그는 광고와는 거리가 먼 동양 철학서에 빠졌다. 다른 사람이 보면 그는 청개구리였다. 입사 초년생이 광고 관련 책을 읽어도 시원찮을 판에 동양 철학서를 읽고 있었으니 말이다. 하지만 그는 아랑곳하지 않고 혼자서 동양 철학에 관한 책을 읽었다. 당시 교보문고에서 정가보다 싸게 팔던 책을 한 번에 10여 권씩 사서 읽었다. 책을 읽는 만큼이나 바가지도 많이 깨뜨렸다. 결국에 힘들게 보낸 왕따 3년이 그에겐 내공을 기르는 값진 시간이 된 것이다.

박웅현 고수에게 또 한 번 내공을 쌓을 기회가 왔다. 그가 미국 연수를 마치고 돌아와 제일기획에서 제작팀장을 맡고 있을 때다. 기획팀이 제작팀을 사사건건 통제하려고 했다. 한 번은 어떤 광고주의 광고 제작 문제로 기획팀과 심한 마찰이 있었다. 제작팀을 통제하려는 기획팀에 그가 강하게 반발했기 때문이다. 그 뒤로 무려 8개월 동안 기획팀은 그에게 일을 주지 않았다. 그래서 그는 마음대로 하라면서 회사에 출근해 책만 읽었다. 그때 영문판 곰브리치의 《서양미술사》를 8개월 동안 독파했다. 그는 "아마도 그게 미적인 감각을 익히는 데 크게 도움이 된 것 같다"라고 했다. 이제 그는 광고인으로서 인문학적 소양은 물론 미적 감각, 즉 디자인 감각까지 갖췄으니 두 날개를 단 셈이었다.

그는 〈그녀의 자전거가 내 가슴속으로 들어왔다〉, 〈진심이 짓는다〉, 〈넥타이와 청바지는 평등하다〉와 같은 카피를 만들어 대박을 터뜨렸다. 그 카피들은 일상 속의 평범한 소재를 가지고 공감을 불러일으킨 혁신 그 자체였다. 이는 인문학, 즉 독서를 기반으로 만들어졌다. 그에게는 독서가 창의력의 원천이 된 것이다.

한 권을 읽더라도 천천히 꾹꾹 눌러 읽는다

박웅현 고수는 몇 가지 독서 습관을 갖고 있다. 첫째는 틈새 독서다. 그는 좀처럼 독서 시간을 낼 수 없었다. 그래서 생긴 습관이 자투리 시간에 읽는 것이다. 그는 차로 이동할 때, 사람이나 차를 기다릴 때 등 시간이 나면 틈새 독서를 한다. 하지만 억지로 읽지 않는다. 책이 눈에 안 들어올 때는 읽지 않는 게 답이라고 한다. 이유는 잘못하면 보석 같은 페이지를 놓칠 수 있기 때문이다. 그는 어떤 책이 눈에 안 들어오면 다른 책을 읽어보고 그것도 안 읽히면 내려놓는다.

둘째는 정독이다. 그는 천천히 꾹꾹 눌러 읽는다. 읽으면서 마음에 와닿은 문장은 밑줄 치고, 밑줄 친 문장은 컴퓨터로 타자한 다음 출력해서 보고, 다시 노트에 옮겨 적는다. 게다가 매일 보고 싶은 문장은 사무실 벽에 붙여놓는다. 그는 왜 그렇게까지 할까? 책을 곱씹으며 읽기 위해서다. 이렇게 읽으면 한 번에 세 번 이상 읽는 효과가 있다. 그래야 책과 대화할 수 있고, 감명받은 점을 곱씹을 수 있다. 그런 과정에서 몰랐던 자기 모습을 발견할 수 있다. 이런 독서가 《책은 도끼다》라는 책을 쓸 수 있게 했다.

박웅현 고수가 베껴 쓰기를 얼마나 철저히 하는지 보여주는 증거물이 있다. 그의 사무실 한쪽에 있는 큼직한 나무상자 안에는 수많은 업무 노트가 들어 있다. 그 노트의 맨 앞 장에 'N-39, T-15, 2011/11' 이런 식의 암호가 적혀 있다. N-39는 미국에 다녀와서 새로(New의 N) 쓰기 시작한 39번째 노트라는 것이고, T-15는 TBWA 코리아로 옮기고 나서 15번째 노트라는 의미이며, 2011/11은 2011년 11월에 쓰기 시작한 노트라는 뜻이다. 그 노트 구석구석에는 그가 베껴 쓴 글들이 있다. 이를 보면 그가 얼마나 철저하게 정독하며 중요한 문장을 베껴 쓰는지 알 수 있다.

셋째는 '울림 독서'다. 그는 많이 읽으려 욕심내지 않는다. 그는 독서량이 많지 않다. 한 달에 세 권 정도 읽는다. 대신 다독보다 다상량(多商量)이다. 읽고 생각을 많이 한다. 그는 한 권을 읽더라도 깊게 읽고 나만의 울림을 찾는 게 중요하다고 생각한다. 책을 읽을 때는 울림이 있어야 한다. 그래야 진정한 독서다.

박웅현 고수도 처음에는 이런 독서 습관이 없었다. 처음에는 마구잡이로 읽었다. 그러다가 언젠가 그는 자신의 독서를 돌아보게 됐다. 그는 이해도 하지 못하면서 독서 권수만 채우고 있는 자신을 발견했다. 그래서 그는 "100권을 읽었다고 해서 내가 무슨 자극을 받았느냐?"라고 자신에게 반문했다. 책을 읽고 자극받은 게 없었다. 다음부터 그는 한 권을 읽더라도 한 줄 한 줄 곱씹으며 읽었다. 그게 습관으로 굳었다.

박웅현 고수의 '들여다보기' 독서법 – 책은 도끼다

박웅현 고수는 자신만의 독서법을 가지고 있다. 바로 '들여다보기' 독서법이다. 그는 이런 독서법으로 책을 읽고, 그 감동을 혼자만 간직하기 아까워 강연을 시작했다. 그 여덟 번의 강연을 모은 책이 《책은 도끼다》이고, 5년 후에 다시 여덟 번의 강의를 모은 책이 《다시, 책은 도끼다》이다. 첫 번째 책은 '왜 책을 읽느냐?'라는 독서의 방향을, 두 번째 책은 '어떻게 책을 읽느냐?'라는 독서의 방법을 다루고 있다.

그는 프란츠 카프카의 《변신》에 나오는 "책이란 무릇, 우리 안에 있는 꽁꽁 얼어버린 바다를 깨뜨려버리는 도끼가 아니면 안 되는 거야"라는 문장을 읽고 '책은 도끼다'라는 말을 끌어냈다. 그리고 책 제목을 《책은 도끼다》라고 붙였다.

이 두 책에 박웅현 고수의 들여다보기 독서법 비결이 고스란히 녹아 있다. 요약하면 이렇다. 첫째는 다독의 콤플렉스에서 벗어나라. 둘째는 책 속에서 울림을 주는 문장을 건져라. 셋째는 읽었으면 느끼고 느꼈으면 행하라는 것이다. 이를 좀 더 자세히 알아보자.

첫째, 다독의 콤플렉스에서 벗어나라.

독서할 때 많이 읽으려는 욕심을 버려야 한다. 그렇지 않으면 쉽고 빨리 읽히는 책만 읽게 된다. 일 년에 몇 권 읽었다는 식으로 자랑하는 독서가 된다. 자랑하려고 많이 읽는 게 핵심이 아니다. 얼마나 체화됐느냐, 즉 얼마나 내 인생에 좋은 영향을 미쳤느냐가 중요하다. 그러려면 천천히 꾹꾹 눌러 읽고 반복해서 읽어야 한다.

박웅현 고수는 미독(味讀), 즉 천천히 음미하면서 깊게 읽기를 강조한다. 남보다 더 빨리 더 많이 읽으려 애쓰다가 책이 주는 진짜 가치와 즐거움을 놓치고 말기 때문이다. 천천히 읽는다는 것은 단순히 물리적 시간을 말하는 게 아니다. 읽고 있는 글에 감정을 들이밀어 보고, 가끔 읽기를 멈추고 한 줄의 의미를 되새겨 보라는 것이다. 그래야만 마음에 울림이 온다. 그러려면 다독과 속독에 대한 욕심을 버려야 한다.

예컨대 최인훈의 산문 《광장》에는 "몸은 길을 안다"라는 문장이 있다. 이 문장을 무심히 넘기면 아무것도 아닌 것 같다. 그러나 천천히 음미하며 읽으면 짧은 문장 속에도 많은 이야기가 들어있다. 다이어트를 생각해 보자. 먹고 싶은 것을 먹는 다이어트만큼 좋은 다이어트가 없다. 왜 그런가 하면 몸이 알아서 다이어트에 좋은 음식을 먹고 싶게 하기 때문이다. 그런 면에서 '몸은 길을 안다'라고 할 수 있다. 또 너무 과로하거나 잠이 부족하면 몸이 알아서 쉬거나 잠을 자라는 신호를 보낸다. 이것도 몸이 길을 알기 때문이다. 이렇듯 글에 감정을 들이밀어 보고, 의미를 되새겨 봐야 문장의 깊은 뜻을 알 수 있다. 또 행간의 숨은 뜻을 읽을 수 있다. 그래서 천천히 음미하며 읽으라는 것이다.

둘째, 책 속에서 울림을 주는 문장을 건져라.

독서의 시작은 울림이다. 책을 읽을 때 울림이 있어야 한다. 그래야 진정한 독서다. 울림이란 좋은 문장을 읽고 전율을 느끼는 것이다. 전율은 읽은 문장이 도끼가 돼 머릿속에 선명한 흔적을 남길 때 일어난다. 전율을 느끼려면 좋은 문장을 감지하는 예민한 촉수를 가져야 한다. 예민한 촉수를 통해 책을 읽으면 무릎을 치게 하는 문장이 보인다. 그 문장을 건져내야 한다. 그 문장이 도끼가 돼 나를 깨움으로써 울림을 준다.

예를 하나 들어보자. 그는 최인훈의 《광장》을 읽으면서 "늙은 군인이 훈장을 자랑하듯"이란 문장을 건져 올렸다. 이 한 구절은 전성기를 보낸 사람들의 모습을 생생하게 보여준다. 역전의 용사가 훈장을 자랑하는 모습, 즉 막걸릿잔을 앞에 놓고 무용담을 들려주는 모습이 떠오른다. 이렇게 이 짧은 문장에는 삶의 결과가 공명하는 울림이 있다. 이런 문장을 예민한 촉수로 건져 올린다. 그리고 밑줄 치고 타자하고 옮겨 적는다. 박웅현 고수는 이렇게 건져 올린 문장을 두고두고 곱씹으면서 프레젠테이션을 할 때 써먹는다고 한다.

셋째, 읽었으면 느끼고 느꼈으면 행하라.

많은 사람이 읽고 느끼지 못하는 것 같다. 다시 말해 울림이 없다. 깊이 읽지 않기 때문이다. 느끼려면 깊은 독서를 해야 한다. 씹어 먹듯이 읽는 거다. 니체의 말대로 약탈하는 병사나 패잔병처럼 읽는 것이 아니라 소가 여물을 되새김질하듯이 읽어야 한다. 그럴 때 깨달음이 온다. 깨달음이 바로 울림이다.

다음으로 느꼈으면 행하는 것이 중요하다. 아무리 많이 읽고 깨달아도 실행하지 않으면 무용지물이다. 독서의 목적은 내 삶을 변화시키는 것이다. 삶의 변화는 느낀 것을 실행했을 때 일어난다. 이때 읽은 것이 내면에서 우러나와 내 삶을 변화시키는 연료가 된다. 울림이 실행을 통해 체화됨으로써 삶이 변화하는 것이다. 그러므로 책을 읽고 느낌으로 끝나지 않아야 한다. 살면서 그 깨달음을 기억하고 되돌아보면서 실천해야 한다. 그래야 책이 얼어붙은 감성을 깨는 도끼가 된다.

박웅현 고수가 전하는 독서 조언

박웅현 고수는 한 권의 책이라도 자신만의 해석을 할 수 있는 독서를 하라고 주문한다. 나아가 책에서 얻은 지혜를 삶 속에서 몸소 행하며 살아보라고 당부한다. 그러면서 두 가지를 조언한다.

첫째, 책이 무조건 좋다는 긍정적 편견을 버려라.

우리는 책에 대한 편견이 있다. 책이면 무조건 좋다는 편견이다. 그것은 잘못된 생각이라고 그는 말한다. 박웅현 고수 같은 애서가가 왜 그런 말을 할까? 그는 세상에는 좋은 책만 있는 게 아니라 좋은 영화, 음악, 미술도 많다고 한다. 책만 고집할 게 아니라 지금까지 보지 못했던 것을 볼 수 있다면 영화, 음악, 그림, 여행도 좋다는 것이다. 그는 반고흐의 〈별이 빛나는 밤〉을 보면서 돈 맥클레인의 〈빈센트〉라는 곡을 듣고, 김홍도의 〈소림명월도〉를 보면서 베토벤의 〈월광〉을 듣는다고 한다. 이렇듯 다른 매체로도 풍요롭고 행복한 인생을 즐기실 수 있다는 것이다.

둘째, 책 읽기는 책과의 교감이 중요하다.

박웅현 고수는 혁신적인 카피를 만들어 소비자로부터 큰 호응을 얻었다. 그 원천은 독서였다. 단순히 책을 읽는 데에서 그치지 않고 책과 교감해 울림을 통해 의미를 만들어냈기 때문이다. 그래서 그는 아무리 많은 책을 읽더라도 스스로 책과 교감하지 못하면 소용없다고 한다.

교감을 굳이 영어로 표현하자면 'Interaction'이다. 상호작용을 말한다. 나와 책이 서로 주파수가 맞아 상호작용이 일어나야 한다. 그러면 책의 내용이 내 속으로 들어와 내 안에서 울림이 만들어진다. 그는 "아무리 좋은 책이라고 해도 내 속에 들어와서 내 안에서 울림을 만들지 못하면 그건 나한테 아무 의미가 없다"라고 했다. 아무리 서울대 권장도서라고 해도 나와 교감이 안 되면 아무런 소용이 없다는 의미다.

책과 교감하려면 나를 존중하는 책 읽기가 되어야 한다. 무슨 말인가 하면 책을 소화할 나를 존중하지 않으면 책과의 교감이 일어나질 않는다는 뜻이다. 고전이라고 해서 책의 권위에만 의지하지 말고 나와의 교감에 방점을 찍어야 한다. 쉽게 말해 내가 좋아하는, 내게 맞는 책을 읽으라는 조언이다.

박웅현 고수의 서재는 생각의 창고다

박웅현 고수의 자택에 있는 서재는 작은 도서관을 방불케 한다. 위풍당당하게 줄지어 선 책장엔 천여 권의 책이 빼곡하게 채워져 있다. 서재 가운데에는 시골집 툇마루 같은 나무 평상 하나가 놓여 있다. 게다가 창이 많은 것도 특징이다. 빼곡히 진열된 책장을 병풍 삼아 평상에 앉아 창밖을 보면 자연과 접할 수 있다. 나뭇가지가 손짓하고 오가는 새들이 노래하며 인사한다. 이런 곳이 고수의 서재인가 싶다. 이곳에서는 없던 창의력도 샘솟고 막힌 글도 술술 풀릴 것 같다.

박웅현 고수는 이곳을 '생각의 창고'라고 한다. 그의 머릿속에 있는 생각, 삶의 지혜, 정보들이 바로 이 책에서 나왔기 때문이다. 창고에는 온갖 물건이 모여 있듯이, 책에는 온갖 생각이 담겨 있다. 생각이 가득한 창고가 서재다. 그는 서재에서 수만 가지 생각을 꺼내 쓴다. 그래서 그에게는 서재가 생각의 보고(寶庫)다.

박웅현 고수가 추천하는 책

《참을 수 없는 존재의 가벼움》, 밀란 쿤데라, 민음사

이 책은 성과 사랑, 정치와 역사, 신학과 철학까지 아우르고 있다. 이 한 편의 소설이 주는 감동의 무게는 절대로 가볍지 않다. 그는 이 책을 네 번 읽었는데, 그에게 많은 것을 생각하게 해준 책이다. 읽을 때마다 새로운 뭔가를 발견하게 해주었다. 그가 이 책을 추천하는 이유는 '한 권의 책에 담겨 있는 무한한 우주를 느껴보라는 바람'에서다. 그리고 일단 재미있고 아름답단다.

《안나 카레니나》, 톨스토이

톨스토이가 생각하는 인생에 대한 총론을 담은 책이다. 인생에 대한 총론이라고 하니 부담을 느끼겠지만, 쉽게 생각해 러시아 시대의 '막장 드라마'라고 보면 된다. 이 책은 막장 드라마 같으면서 인간이라면 누구나 겪는 인생의 질곡을 보여주는 깊이도 있다. 바로 인생의 지도 같은 책이다. 그는 특히 젊은이들에게 추천해 주고 싶다고 한다. 젊은이들이 이 책을 읽고 삶을 이해하고 사랑하는 법을 배웠으면 하는 마음에서다.

《현대 물리학과 동양사상》, 프리초프 카프라, 범양사

이 책에는 문학, 철학, 과학이 한꺼번에 들어 있다. 이 책은 양자 물리학을 중심으로 현대 물리학과 동양 철학 간의 관계를 다루고 있다. 즉, 현대 물리학과 동양 철학 사이에는 우연 혹은 필연적 일치가 있다는 것이다. 물리학과 철학을 다룬 책이라지만 결코 무겁지 않다. 박웅현 고수에게 '만약 무인도로 갈 때 한 권만 가지고 가야 한다면 무슨 책을 가지고 가겠느냐?'라고 묻는다면 주저 없이 이 책을 꼽을 것이라 했다. 그만큼 반복해서 읽어도 싫증을 느끼지 않을 책이다.

시인 김용택
책을 읽고 세상과 사랑에 빠져라

"방학 때는 큰 가방을 가지고 가서 가방 가득 책을 샀다.
책을 버스정류소까지 싣고 온 다음 집까지는 미리 갖다 놓은 지게로 30분을 짊어지고 왔다.
방에 책을 풀어 놓고 보면 가슴이 뛰었다. 그렇게 헌책을 사서 걸신들린 사람처럼 책을 읽었다."
– 김용택 –

섬진강에서 나서 자란 섬진강 시인 김용택

김용택 시인은 초등학교 교사 출신으로 '섬진강 시인'으로 유명하다. 또 '자연 시인', '국민 시인'이라는 별칭도 얻었다. 게다가 김소월과 백석을 잇는 시인이라는 평가도 받고 있다. 김수영 문학상, 소월시문학상, 윤동주 문학 대상 등 많은 상을 받았다. 그는 시뿐만 아니라 수필, 소설, 동화 등 여러 장르의 책을 썼고, 영화 〈들〉과 〈시〉에도 출연했다. 정년퇴임 후에는 명강사로 이름을 떨치고 있다. 그래서 그는 시인, 작가, 배우, 명강사로서 우리 시대의 독서 고수다.

왜 '섬진강 시인'인가? 김용택 고수는 교사 시절인 1982년 등단했다. 그는 '창작과 비평사(창비)'에서 펴낸 21인의 신작 시집인 《꺼지지 않는 횃불로》에 〈섬진강 1〉 외 8편의 시를 발표하면서 데뷔했다. 등단 이후 그는 섬진강을 배경으로 아름다운 시를 많이 썼다. 그는 무려 40편이 넘는 〈섬진강〉 연작시로 섬진강을 노래했다. 그는 섬진강에서 나서 자라 지금까지 살고 있다. 한 마디로 섬진강이 낳은 시인이라 할 만하다. 그래서 얻은 별칭이 '섬진강 시인'이다.

친구 따라 시험 보러 갔다가 선생이 되다

김용택은 고등학교를 졸업하고 집에서 오리를 키우다 실패했다. 그는 서울로 올라가 친척 집을 전전하다 얼마 버티지 못하고 고향으로 돌아왔다. 집에서 할 일 없이 빈둥거리고 있는데 어느 날 친구가 교사 시험 보러 같이 가자고 했다. 그는 집에서 놀다 차비 2천 원을 들고 친구 따라 전남 광주로 교사 시험을 치르러갔다. 그런데 친구는 떨어지고 혼자만 붙었다. 엉겁결에 따라나선 것인데 선생이 됐다. 그의 나이 스물한 살 때였다. 당시 교사가 모자라 고졸자도 교사가 될 수 있는 길이 있었다. 교사 시험에 합격하면 교원 양성소에서 4개월 동안 연수를 받고 초등학교 교사가 되는 제도였다. 그해가 처음이자 마지막이었다. 그는 우연히 그 기회를 잡았다.

김용택이 선생이 되자 어머니가 제일 좋아했다. 진메 마을은 물론이고 주변 여러 마을을 통틀어 교사가 된 사람은 없었다. 그가 처음이었다.

그렇게 극적으로 선생이 된 그는 1970년 청웅초등학교 옥석분교로 첫 발령을 받았다. 그리고 얼마 후 자신의 모교인 덕치초등학교로 왔다. 그 뒤로 31년을 줄곧 모교에서 아이들을 가르쳤다. 그는 한 학교에서 5년 이상 근무하지 못하는 제한 때문에 5년마다 다른 학교로 옮겼다가 1년 만에 다시 덕치초등학교로 돌아왔다. 그것을 여섯 번 반복했다. 그는 학생으로 6년, 교사로 31년, 모두 합치면 덕치초등학교만 37년을 다닌 셈이다. 그는 2008년 모교인 덕치초등학교에서 정년 퇴임했다.

그가 모교에서 오래 근무하다 보니 아버지와 아들 2대를 가르치는 일이 흔했다. 코흘리개 아이가 자라 어느덧 학부모가 되고, 그 자식들을 다시 그가 가르쳤다. 그래서 에피소드도 많다. 그는 "아빠도 내가 가르치고, 그 아들도 가르쳤다. 가르쳐 보면 아빠와 아들이 똑같아. 공부도 아빠만큼 안 하는 거야. 근데 아빠와 아들 이름이 자꾸 헷갈려. 아들에게 아빠 이름을 부르는 거야. '택수야, 인마!' 하면, '우리 아빠 이름인디' 하는 거야"라고 일화를 소개했다.

초등학교 2학년만 26년 가르친 선생님

그의 교사 이력 중 특이한 게 또 있다. 2학년만 26년을 가르쳤다. 처음엔 한 반 학생 수가 7~8명이었는데 점차 줄어 2~3명이 됐다. 그는 수업 모습을 이렇게 설명했다. "두 놈을 앉혀 놓고, 이놈 보고 '알았어?' 저놈 보고 '알았어?' 하고 나면 수업이 끝나는 거야"라고 했다.

그는 2학년 아홉 살 아이들을 가르치면서 느낀 게 많았다. 아이들은 놀랄 정도로 정직하고 진실하다. 그게 좋아서 2학년을 오래오래 가르치며 살았다. 또 아이들을 가르치면서 그도 배웠다. 아이들에게서 배운 것은 정직과 진실이다. 진심을 주고받을 수 있는 것이 얼마나 아름다운지 아이들이 가르쳐주었다. 아이들이 스승이었다.

그리고 그들과 함께 있으면 놀랄 일도 많다. 예를 들면 이렇다. 아이들을 따라간 곳에 통유리가 깨져 있었다. 왜 그랬느냐고 물었더니 한 녀석이 "깨지는가 안 깨지는가 보려고 머리로 들이받았다"라고 했다. 유쾌하고 통쾌했다. 그래서 그 녀석에게 "앞으로 무엇을 들이받을 때는 네 머리가 깨질지 안 깨질지도 생각하면서 받으라"라고 했다. 이렇게 2학년하고 살면 날마다 놀랄 일이 많았다. 그래서 행복했단다.

스물한 살에 책을 처음 읽었다

김용택 고수는 스물한 살에 선생이 되면서 책을 읽기 시작했다. 산골마을이라 집에 책이 없을뿐더러 마을에 책 읽는 사람조차 없었다. 그러니 교과서 외에 책을 보지 못했다. 책이 무슨 물건인지도 몰랐고 책을 읽는다는 개념도 없었다. 그러니 교과서만 책인 줄 알 수밖에. 그러다가 청웅초등학교 옥석분교로 첫 발령을 받고부터 책이란 걸 알았다.

어느 날 월부 책장수가 교사도 세 명뿐인 작은 학교로 책을 팔러 왔다. 책장수가 버스정류소에서 한 시간을 걸어 신발 벗고 도랑 다섯 개는 건너야 하는 그곳까지 온 것이다. 책장수가 도스토옙스키 전집을 펼쳐놓았다. 일곱 권이나 되는 엄청나게 큰 책이었다. 이게 책이구나 싶었다. 그는 책장수 꼬임에 넘어가 전집을 샀다.

책을 사서 방 윗목에 놓고 보니 근사했다. 전집 속에서 한 권을 뽑아 제목을 봤다. 《카라마조프가의 형제들》이었다. 너무 두꺼워서 겁이 났지만 읽기 시작했다. 끝까지 다 읽을 생각은 없었다. 그냥 한 번 읽어본 것이었는데, 책 속에 점점 빠져들기 시작했다. 책에서 눈을 뗄 수 없었다. 다 읽은 다음 《학대받은 사람들》을 읽기 시작했다. 그리고 한 권 한 권 모두 해치웠다.

도스토옙스키 전집을 다 읽고 났더니 책장수가 이번에는 헤르만 헤세 전집을 가져왔다. 그 책도 다 읽었다. 다음에는 앙드레 지드 전집을, 다음에는 이어령 전집을 가져왔다. 그리고 박목월 전집, 사강 전집도 가져왔다. 모조리 사서 읽었다. 정말 미친 듯이 읽었다.

옥석분교에서 근무하다가 모교인 덕치초등학교로 옮겼다. 옆 반 여선생이 50권짜리 한국 문학 전집을 갖고 있었다. 그는 여선생으로부터 그 전집을 3만 원에 샀다. 당시 월급이 5만 원 정도였으니 꽤 비싼 편이었다. 그때 이광수, 최남선을 읽기 시작해서, 제법 많은 시간을 들여 50권을 다 읽었다.

책을 읽고 세상과 사랑에 빠지다

그는 전주에 볼일이 있어 갔다가 헌책방 거리를 보았다. 난생처음 책방이란 걸 본 것이다. 헌책방에는 때 지난 문예 잡지가 있었다. 그 잡지에는 시도 있고 소설도 있었다. 책값도 한 권에 20원 정도로 쌌다. 그는 그곳에서 주로 문예지를 많이 사서 봤다. 그때부터 그는 한국 문학을 섭렵하기 시작했다. 그는 방학 때면 큰 가방을 가지고 가서 가방이 가득 찰 만큼 책을 샀다. 책을 버스정류소까지 싣고 온 다음 집까지는 미리 갖다 놓은 지게로 30분을 짊어지고 왔다. 방에 책을 풀어 놓고 보면 가슴이 뛰었다. 그는 헌책을 사서 걸신들린 사람처럼 읽었다.

책을 읽다 보면 닭이 울었다. 밤을 꼬박 새웠다. 그는 아이들 가르치는 일과 집안 농사일 외는 책에 파묻혀 살았다. 그는 주체할 수 없는 생각을 일기에 썼다. 그러던 어느 날 그는 자신이 시(詩)를 쓰고 있음을 알고 깜짝 놀랐다고 한다. 사실 그때는 시가 뭔지도 몰랐으니 '시 같은 것'이었다. 그게 시인지 아닌지 물어볼 사람도 주변에 없었다. 그는 스스로 그냥 '이게 시지'라고 생각하며 계속 썼다.

또 그는 전주에 갔다가 새 책방을 보았다. 책방에는 새 책이 큰 서가에 가득 꽂혀 있었다. 하지만 그는 돈이 없어 책을 사 볼 형편이 못됐다. 아버지를 여의고 다섯 식구의 가장이 되었기 때문이다. 그는 서점에서 책을 뒤적이다가 읽기 시작했다. 살 수 없으니 책방에서 공짜로 읽은 것이다. 그리고 등단 후에 조그마한 책방에 갔는데 주인이 그를 알아보았다. 그의 시가 실린 시집도 있었다. 그렇게 주인과 친해져서 그는 외상으로 책을 사서 읽었다. 그 외상 책값을 1995년도에 다 갚았다. 그는 어려운 여건에도 불구하고 이렇게 책을 많이 읽었다.

10년 넘게 독학, 서른다섯 늦은 나이에 시인이 되다

김용택 고수는 대학 문턱에도 가보지 못했다. 물론 문학 강의를 들어본 적도 없다. 오직 자연을 벗 삼아 10년 넘게 책을 읽었을 뿐이다. 그는 스물한 살에 선생이 되고 나서 책을 읽기 시작해 서른다섯 살에 등단하기까지 13년이 걸렸다. 책을 살 수 없어 서점에서 온종일 시를 읽은 적도 있다. 그러면 서점 여직원이 그에게 의자를 갖다 주기도 했다. 그는 김수영의 〈거대한 뿌리〉, 고은의 시, 황동규의 〈삼남에 내리는 눈〉 같은 시를 몸에 박일 정도로 읽었다. 그렇게 오랜 세월 그는 시집을 옆에 끼고 살았다. 그리고 많은 시를 베끼고 외웠다.

그렇게 책을 읽다 보니 생각이 많아졌다. 생각을 주체할 수 없어 공책에 일기를 쓰기 시작했다. 그저 생각을 쓴다는 게 재미있었다. 그는 '책을 많이 읽으면 생각을 주체할 수 없어 쓰게 된다'라는 말을 실감했다. 처음에는 일기를 썼는데, 쓰다 보니 어느새 시를 쓰고 있었다. 그는 문학 수업을 받거나 공부한 적이 없지만 무작정 쓰기 시작했다. 쓰지 않고는 견딜 수 없었다. 보여줄 사람도 없이 7, 8년을 시라는 것을 썼다. 그냥 써지는 대로 썼다.

그는 그렇게 쓴 것 중에 완성도가 좀 있다고 생각되는 시를 골라 잡지사에 보냈다. 그런데 2주가 지난 뒤 시집에 실어주겠다고 출판사로부터 연락이 왔다. 그게 바로 1982년 '창비'에서 나온 21인의 신작 시집 《꺼지지 않는 횃불로》에 발표된 〈섬진강 1〉 외 8편의 시다. 그의 나이 35세 때였다. 그는 문학을 정식으로 배우진 못했으나 당당하게 시인으로 등단했다. 그는 말한다. "10년쯤 썼더니 시처럼 보이더라"고. 절대로 이게 그냥 된 게 아니다. 그의 13년 독서가 저수지에 물이 고이게 하였고, 결국 그 물이 흘러넘치듯 시가 돼 흘러넘친 것이다.

누구도 글쓰기를 가르쳐주지 않는다

"글쓰기에 왕도는 없다"라는 말이 있다. 이는 글쓰기에는 반드시 거쳐야 하는 길, 따라야 하는 길이 없다는 뜻이다. 하지만 방법은 있다. 딱 두 가지다. 많이 읽어보고 많이 써보는 것이다. 우선 책을 많이 읽어야 한다. 소설, 시 할 것 없이 닥치는 대로 계속 읽어야 한다. 그리고 많이 써야 한다. 생활 속에서 글쓰기를 놓지 말고 계속 써야 한다. 구체적으로 이야기를 풀어 써야 한다. 이 방법밖에 없다. 누구도 글쓰기를 가르쳐주지 않는다. 많이 읽고 쓰는 과정에서 스스로 생각을 키워나가고 글을 쓰는 기술을 익힐 뿐이다. 김용택 고수도 13년을 그렇게 하고 시를 쓰게 됐다.

그래서 그는 "느끼는 것을 쓰는 걸 놓지 마세요. 그 느낌을 그냥 써봐야 해요. 안 쓰면 소용없어요"라고 말한다. 그럼 어떻게 느낄 수 있나? 느끼려면 세상에 관심을 가져야 한다. 관심을 가지면 생각이 일어난다. 그 생각이 감동이다. 그것을 정리해서 표현하면 글이 된다. 그게 시, 소설, 동화가 된다. 그걸 자기 스스로 터득하고 깨닫고 자기 세계를 구축해야 한다. 그 외에 다른 방법이 없다.

그럼 뭘 어떻게 써야 하나? 그의 조언을 들어보자. "사람들은 글쓰기 하면 시, 소설을 떠올린다. 글은 문학적이어야 한다는 고정관념 때문이다. 그러다 보니 선생님도 학부모도 아이들에게 글 쓰는 방법과 기술만 가르치려 한다. 그러면서 자꾸 아이들의 글을 뜯어고친다. 이 때문에 아이들이 골치 아프니까 글을 더 안 쓰게 된다." 아이들의 글은 문학이 아니다. 아이들에게 글쓰기를 가르치는 건 문학하는 아이, 글 잘 쓰는 아이를 만들려는 게 아니다. 아이의 생각을 키우고 생각을 조직해서 표현하는 법을 가르치는 것이다. 비단 아이들뿐이겠는가. 어른들도 이런 이유로 글 쓰는 것을 어려워하고 싫어하는 것은 아닐까?

뭘 써요, 뭘 쓰라고요?

글을 쓰고 시를 쓰라고 하면 다들 싫어하고 어려워한다. 왜 그럴까? 너무 잘 쓰려고 하다 보니 그런 것은 아닐까? 글쓰기를 어렵게 생각하면 글을 쓸 수 없다. 김용택 고수가 가르치는 초등학교 2학년 학생의 글쓰기를 보고 우리도 글쓰기 생각을 바꿔보면 어떨지.

김용택의《뭘 써요, 뭘 쓰라고요?》에는 이런 에피소드가 나온다. 학교 운동장에 벚꽃이 만발했다. 꽃잎이 바람에 날려 나비처럼 날아다닌다. 운동장에도 학교 지붕에도. 김용택 고수는 아이들에게 벚나무 밑에 가서 놀다가 교실에 들어와 벚꽃을 떠올리며 글을 쓰라고 했다. 그런데 성민이가 글을 쓰지 않고 놀기만 했다. 이때 김용택 고수는 이렇게 했다.

"내가 성민이에게 '성민아 글 써라' 그랬더니 성민이가 나를 빤히 바라보며 '뭘 써요?' 하고 물었습니다. 내가 다시 '시 쓰라고.' 그랬더니 성민이가 다시 '뭘 써요?' 그러는 거예요. 내가 성질이 나서 큰소리로 '아, 시 써서 내라고!' 그랬더니 성민이가 그때는 '네!' 하더라고요. 그런데 한참 있다가 성민이가 또 물었어요. '그런데 제목은 뭘 써요?' 내가 다시 '네 마음대로 써야지.' 그랬더니 성민이가 고개를 푹 숙이고 글을 쓰기 시작했습니다. 그리고 성민이가 '뭘 써요, 뭘 쓰라고요?'라는 제목으로 글을 써 왔어요."(《뭘 써요, 뭘 쓰라고요?》 중에서)

그럼 성민이가 어떻게 글을 썼을까? 다음은 성민이가 쓴 '뭘 써요, 뭘 쓰라고요?' 동시의 전문이다.

시 써라./ 뭘 써요?/ 시 쓰라고./ 뭘 써요?/ 시 써내라고!/ 네./ 제목을 뭘 써요?/ 니 맘대로 해야지./ 뭘 쓰라고요?/ 니 맘대로 쓰라고./ 뭘 쓰라고요?/ 한 번만 더 하면 죽는다. (《뭘 써요, 뭘 쓰라고요?》 중에서)

어떤가? 아주 훌륭한 동시 아닌가? 선생님이 시를 쓰라고 하니까 자기와 선생님 간에 오간 짤막한 대화를 적었다. 이게 한 편의 감동적인 동시가 되었다. 이것이 바로 글쓰기의 시작이다. 시를 어렵게 생각하고 고상하게 쓰려고만 하니 한 자도 쓰지 못하는 것이다. 김용택 고수 말대로 그냥 감상을 적으면 그게 시인 것을.

김용택 고수의 서재는 세상의 모든 이야기가 들어 있는 아름다운 숲속이다

김용택 고수에게 서재는 아름다운 숲속에 있는 것처럼 많은 생각을 하게 하는 곳, 또 즐겁고, 재미있고, 신비로운 곳이다. 서재에는 수많은 책이 있고, 책 속에는 수많은 사람의 생각과 세상의 모든 이야기가 다 들어 있기 때문이다. 그래서 서재에 있으면 아름다운 숲속에 앉아 있는 느낌이 든다.

그의 서재는 진메 마을에 두 곳이 있다. 하나는 생가에 있고, 하나는 생가 옆에 새로 지은 건물에 있다. 생가의 서재는 그를 시인으로 길러 낸 곳이고, 새로 지은 서재는 그가 사람들과 소통하는 곳이다.

생가에 있는 서재는 두 평 남짓한 시골 방이다. 방문 위에는 '回文齋(회문제)'라는 편액이 걸려있다. '글이 모이는 집' 또는 '글이 들어오는 집'이란 뜻이다. 서재는 나무 책장 세 개와 앉은뱅이책상 하나가 전부다. 세 벽면을 따라 바닥부터 천장까지 책이 빼곡히 꽂혀 있다. 그 책장에는 그가 처음 책을 읽기 시작할 때 월부 책장수에게 산 책, 헌책방에서 사서 지게로 지고 온 10원, 20원짜리 책 등 1980년대까지 읽은 사회 · 인문학 책이 꽉 들어차 있다. 모두 400여 권 된다.

그는 이 자그마한 서재에서 굶주린 심정으로 책을 읽고 또 읽었다.

그렇게 읽다가 머리가 복잡해지자 일기를 썼다. 그렇게 쓴 것이 시가 됐다. 그는 한 언론사와의 인터뷰에서 "책을 읽기 시작하니까 머리가 복잡해지더라고. 그걸 정리하려고 글을 썼지. 한 8년쯤 쓰다 보니까 내가 쓴 게 왠지 시 같기도 한 거야. 그래서 출판사로 글을 보내봤지"라고 말했다.

그렇게 보낸 것이 시집에 실렸다. 1982년 〈섬진강 1〉을 포함한 그의 시 9편은 《꺼지지 않는 횃불로》라는 시집에 실렸다. 시인이 된 뒤 1985년에 그의 첫 시집 《섬진강》이 나왔다. 그러고 보면 회문제는 시인 김용택을 잉태하고 낳아 섬진강 시인으로 길러낸 곳이다. 이곳은 지금 임실군에 기부채납되어 '김용택 고수의 생가'로 보존되고 있다.

또 다른 서재는 임실군의 섬진강 타운 벨트 사업의 일환으로 지었다. 이름을 '김용택의 작은 학교'라고 붙였다. 김용택 고수가 생가와 생가 뒤편 땅을 기부하고, 농림축산부와 임실군이 예산을 지원했다. 그의 생가 뒤편에는 단층 짜리 벽돌 슬래브 건물 두 채가 들어섰다. 왼쪽은 그의 살림집, 오른쪽은 서재를 겸한 문학 공간이다. 임실군 조례에는 '김용택의 작은 학교'는 "섬진강 시인으로 잘 알려진 김용택 고수와 지역 주민들이 함께하는 문학 프로그램을 통해 문화 소외 계층에 대한 문화 예술 향유 기회 확대와 관광객 유치를 위한 교육 프로그램을 운영하는 시설"이라고 돼 있다.

그가 지금 이 시설을 임실군으로부터 위탁받아 관리하고 있다. 그는 이곳에 소장하고 있던 수천 권의 책과 자료를 보존하면서 서재로 사용한다. 이곳은 전국에서 문학 기행을 오는 사람과 관광객으로 붐빈다. 때론 관광버스 서너 대가 들어와 북적인다. 그럴 때면 그는 눈코 뜰 새 없이 바쁘다. 그들을 맞으랴 설명하랴 정신이 없다. 이곳은 찾아오는 이들의 쉼터이고, 도서관이다. 또 이곳은 그가 마을 어린이들을 모아 글쓰기와 책 읽기를 가르치는 곳이고, 그의 시에 감동되어 찾아오는 독자들과 문학 얘기를 하며 노는 곳이다.

김용택 고수가 추천하는 책

《VINCENT VAN GOGH 고흐의 재발견》, H. 안나 수, 시소커뮤니케이션스

이 책은 화집이면서 산문집이다. 책 속에는 고흐가 그림을 처음 시작할 때부터 생을 마감할 때까지 그린 매혹적인 그림 250점이 실려 있다. 특히 고흐의 그림 연습 과정이 고스란히 담겨 있어 흥미롭다. 같은 그림을 수십 번 마음에 들 때까지 반복한 스케치와 완성본이 함께 실려 있어 그의 작품세계를 엿볼 수 있다. 그리고 고흐의 일기와 편지 150여 통이 수록돼 있다. 편지는 고흐가 동생 테오와 고갱 등 동료 화가들에게 보낸 것이다. 이런 고흐의 육필 원고를 보고 있자면 그의 생애가 생생히 되살아나는 듯하다. 따라서 이 책은 불운한 삶을 살다 37세에 세상을 떠난 고독한 예술가가 보낸 마지막 15년의 삶과 예술을 복원한 것이라 할 수 있다.

《무량수전 배흘림기둥에 기대서서》, 최순우, 학고재

이 책은 국립중앙박물관장을 지낸 최순우 선생의 전집에서 주옥같은 글만 가려내 엮은 것이다. 최순우 선생은 중학교밖에 나오지 않았으나 공부를 많이 한 분이다. 그분의 5권짜리 전집에서 회화, 도자기, 조각, 건축 등 한국 미술에 대한 평을 뽑아 실었다. 여기에 실린 12편의 글은 대중들이 읽기 쉽고 좋은 글만 뽑은 것으로서 군더더기 없는 아름다운 글을 만나볼 수 있다. 또 최순우 선생은 평생을 우리 문화재와 함께한 분으로 그분만큼 우리 유물과 예술품을 따뜻한 마음으로 읽어낸 분이 드물다. 김용택 고수는 이 책을 통해 우리의 예술품을 이해하게 되었고, 우리 국토를 이해하게 됐다고 한다. 그래서 우리의 예술과 산천을 이해하는 데 기본이 되는 책으로 추천하고 있다.

《새 근원수필》, 김용준, 열화당

이 책은 미술사학자이자 동양화가인 김용준 선생의 수필을 묶은 것이다. 일상사를 다룬 가벼운 단문부터 우리 미술에 대한 비평까지 50여 편의 글을 그림과 함께 실었다. 선생의 학문적 깊이와 민족 예술에 대한 애정, 삶에 대한 자세를 엿볼 수 있는 글이다. 이 글들은 20세기 수필 문학의 진수라 일컬어진다. 김용택 고수는 이 책의 글이 너무 좋아, 아까워서 한 번에 읽지 못했다. 다 읽어버리면 너무 서운할 것 같아 두고두고 한 편씩 읽었다고 한다.

외과 전문의 박경철
편안한 독서는 독(毒)이다

"책을 얼마나 많이 읽었느냐는 중요하지 않다. 거기서 무엇을 얻었느냐가 중요하다.
자기 나름의 효율적인 독서법을 찾아낸다면,
더 다양한 책을 통해 사고의 지평을 넓히는 기회를 확장할 수 있다."
— 박경철 —

시골 의사 박경철

박경철은 본명보다 '시골 의사'라는 별칭으로 더 유명하다. 그에게는 범인이 따라잡을 수 없는 수식어가 많이 붙어 있다. 독서광, 외과 전문의, 칼럼니스트, 투자 전문가, 베스트셀러 작가, 방송인, 청년 멘토, 유명강사가 그것이다. 수식어가 모자랄 만큼 다양한 분야에서 활동했던 그는 이 시대의 독서 고수다.

박경철 고수에게서 주식은 빼놓을 수 없는 얘깃거리다. 그는 의대에 다닐 때 독학으로 배운 투자 지식을 가지고 증권사 직원들에게 주식을 가르칠 정도의 주식투자 전문가가 됐다. 2006년 한국거래소와 증권사 사장단이 주는 '증권선물인상'도 받았다. 사람들이 그에게 "우리나라에서 주식 공부를 가장 많이 한 사람", "기술적 분석에서 따라올 사람이 없다", "연평균 수익률이 100퍼센트에 이른다"라고 할 정도였다. 그는 실제 주식투자로 원금의 50배 수익을 올린 적도 있다. 또 《시골의사의 주식투자란 무엇인가》1, 2권 등 세 권의 주식 관련 책도 냈다.

그는 글도 잘 쓴다. 2006년 발간된 《시골의사의 아름다운 동행》은 나오자마자 베스트셀러가 됐다. 1년 만에 27쇄를 찍었다. 게다가 이 책은 드라마 〈뉴하트〉의 소재가 돼 큰 반향을 불러일으켰다. 그 후 출판된 《시골의사의 부자 경제학》, 《착한 인생, 당신에게 배웁니다》, 《시골 의사 박경철의 자기혁명》도 출간되자마자 베스트셀러가 됐다.

똥파리가 무슨 이사(理事)를 하노?

박경철은 안동 산골에서 자랐다. 그곳은 초등학교 4학년 때까지 집에 전기가 들어오지 않던 시골이었다. 그러니 그는 초등학교 5학년 때까지 교과서 이외 다른 책을 보지 못했다. 그러다가 6학년 때 경찰 공무원이었던 아버지가 전근하게 돼 대구로 이사했다. 하필 이사한 곳이 대구의 중심지, 서울로 치면 강남과 같은 곳이었다. 그의 가족은 조그마한 단독 주택에 세를 들었다.

박경철은 전학을 하러 아버지와 함께 학교로 갔다. 학교에 들어서는 순간 박경철은 깜짝 놀랐다. 학교 시설과 아이들의 옷차림에서 문화적 충격을 받았기 때문이다. 시골 촌놈이 도시 학교 시설과 아이들을 보고 주눅이 든 것이다. 하지만 박경철은 교장 선생님과 담임 선생님을 만나고 나선 나름대로 자신감이 생겼다. 교장 선생님이 그의 학적부를 보고 "시골에서 공부 꽤 했구나!"라며 칭찬했고, 담임 선생님도 "너 시골에서 똑똑하게 자랐네! 대구에서도 공부를 잘할 수 있겠구나!"라고 용기를 북돋아 주었기 때문이다.

그런데 그는 전학하고 2주가 지난 뒤 말 수를 잃었다. 시골에서는 상상도 할 수 없던 아이들의 학용품과 옷차림, 도시락을 보고 상대적 열등감에 빠졌기 때문이다. 자신의 도시락 반찬은 병에 든 김치가 전부인데, 옆자리 친구의 도시락엔 소시지가 있고, 어떤 친구는 밥 대신 샌드위치를 가져왔다. 이런 상황을 2주 정도 겪은 어린 박경철은 창피하고 민망해서 거의 우울증에 걸릴 정도가 되고 말았다. 그는 당시 어린 마음이었지만, '있는 것과 없는 것, 가진 것과 가지지 못한 것'에 대한 상대적 열등감을 느꼈다고 했다.

그의 행동이 심상치 않자 하루는 담임선생님이 박경철을 불러 왜 그러느냐고 물었다. 말을 하지 못하고 있었더니, 내일 아버지를 모시고 오라고 했다. 다음 날 아버지가 학교에 와서 선생님과 면담을 했다. 옆에서 얼핏 들으니, 선생님은 아버지께 "아이가 자신감을 잃었으니 아버지가 학교 육성회 이사를 맡아달라"라고 부탁했다. 아버지는 극구 사양했다. 말단 경찰 공무원 신분에 가당찮다는 생각에서였다. 선생님의 부탁을 아버지는 거절하다가 결국 승낙했다. 박경철은 아버지가 육성회 이사가 됐다는 자부심에 의기양양했다. 어린 박경철이지만 육성회 이사라는 것이 대단하다는 것쯤은 알고 있었다. 당시 육성회 이사는 고위

공무원이나 회사 사장 같은 사람들이 맡는 자리였기 때문이다.

　박경철은 하늘을 날듯이 기뻤다. 아버지가 육성회 이사라니! 놀라운 일이었다. 발이 땅에 닿는지 마는지 모를 정도로 신이 나서 집으로 달려왔다. 집에 들어서자마자 주인아주머니를 만났다. 너무 기쁜 나머지 생각할 틈도 없이 "아주머니 우리 아버지가 육성회 이사 됐어요!"라고 자랑했다. 그런데 아주머니 반응이 이상했다. 아주머니는 "똥파리가 무슨 이사를 하노?"라고 뚝 내뱉었다. 그 말이 박경철의 가슴에 큰 말뚝처럼 박혔다. 아주머니 말이 어린 가슴에 큰 상처를 남기고 만 것이다. 박경철 고수는 지금도 그 당시 아주머니의 말과 표정이 생생하게 기억난다고 한다.

　아주머니가 한 말은 경찰을 비하하는 말이었다. 요즘은 '짭새'라는 비속어를 쓰지만, 당시에는 '똥파리'라고 했다. 아주머니는 '말단 경찰 주제에 무슨 육성회 이사가 되느냐?'고 비아냥거린 것이었다. 당시 박경철은 '아버지가 사회에서 이런 대우를 받고 있구나! 아들인 자신도 이런 처지구나!'라는 것을 피부로 느꼈다고 했다. 그런 뒤 박경철은 매일 밤 혼자 눈물을 삼키며 혀를 깨물었다. 그는 '내가 시골에서 올라와 똥파리 아들이라는 수모를 겪고 있지만, 이를 악물고 열심히 공부해서 반드시 1등으로 졸업하겠다'고 결심했다. 그는 작심하고 밤을 새우며 1년 동안 공부했다. 박경철은 전교 1등으로 졸업했다. 박경철은 콤플렉스를 수석 졸업으로 승화시킨 것이다.

학교 도서관을 통째로 읽다

시간이 지나 박경철이 공부를 좀 하게 되자 하나둘 친구가 생겼다. 어느 날 친구 집에 갔다가 또 한 번 문화적 충격을 받았다. '세상에! 집 안에 계단이 있다니!' 박경철은 계단은 집 밖에만 있는 줄 알았다. 그런데 그는 집 안에서 2층으로 올라가는 계단을 본 것이다. 계단을 올라가니 2층에 방이 따로 있었다. 박경철은 방에서 책장 가득히 꽂힌 책을 보고 더욱 놀랐다. 그는 '책이라는 것을 돈을 주고 사서 책장에 꽂아 놓을 수도 있구나!' 또 '이렇게 많은 책을 가질 수도 있구나!'라는 것을 느꼈다. 자기 집에는 책이라곤 교과서밖에 없는데, 이런 엄청난 책이 있다는 것은 큰 충격이고 부러움의 대상이었다. 이것이 박경철의 두 번째 콤플렉스였다.

그는 중학교에 입학해 학교 도서관을 보고 또 깜짝 놀랐다. 도서관이 책의 바다처럼 보였다. 그 도서관은 중·고등학교가 같이 쓰는 곳이라 규모가 꽤 컸다. 그는 도서관에서 책을 보는 순간 친구 집에서 받았던 책에 대한 콤플렉스를 여기서 해소할 수 있겠다는 생각이 들었다. 박경철은 가슴이 벅차오르고 두근거렸다. 그는 '졸업할 때까지 이 책을 다 읽겠다'고 다짐했다.

그는 중학교 3년 동안 하루도 빠짐없이 수업이 끝나면 도서관으로 직행했다. 그리고 책에 빠져들었다. 그는 오후 4시부터 도서관 문을 닫는 10시까지 읽었다. 정말 미친 듯이 읽었다. 처음에는 책에 빠져 저녁 먹는 것도 잊었다. 그러다가 나중에는 밥을 안 먹었다는 사실조차 잊어버렸다. 그렇게 읽다 보니 전교에서 책을 가장 많이 읽는다는 자부심이 생겼다. 박경철은 누가 도서관에서 책을 읽으면 쟤보다 더 오래 읽어야 겠다는 경쟁심까지 생겨 더욱 많이 읽었다. 그렇게 3년 동안 도서관에 있는 책을 거의 읽었다. 그렇게 되자 선생님들도 박경철을 책 많이 읽는 학생으로 인정했다. 독후감 발표가 있으면 박경철이 도맡아 했고, 심지어 웅변대회를 해도 "너 책 많이 읽었으니까 네가 나가"라고 할 정도였다. 그는 당시를 회고하며 "그때 밥을 안 먹었다는 사실조차 잊고 수많은 책을 읽었던 독서 경험이 내 인생에 큰 영향을 미쳤다"라고 했다.

자라투스트라는 이렇게 맞았다

'자라투스트라는 이렇게 맞았다.' 이게 무슨 소린가? 박경철이 독일어 시간을 빼먹고 니체의 책을 읽다가 선생님에게 죽도록 얻어맞은 에피소드다. 그가 중학생 시절, 처음 도서관에서 책을 읽을 때는 쉬운 책만 골라 읽었다. 그렇게 하다 보니 독서가 놀이처럼 돼버렸다. 그러자 그는 재미있는 장르만 읽게 되고 거기에 안주하게 됐다. 말하자면 독서 매너리즘에 빠진 것이다. 그래서 독서에 발전이 없었다.

그러다가 박경철은 누가 옆에서 책을 읽고 있으면 '쟤보다 더 수준 높은 책을 읽어야 한다'는 생각을 했다. 전교에서 가장 책을 많이 읽는 학생이라는 자부심 때문이었다. 그때부터 그는 조금 버거운 책을 읽어 나갔다. 그랬더니 읽기에 약간 고통이 따르지 않으면 독서가 즐겁지 않은 상태가 됐다. 그는 그때 책 읽기에 희열을 느꼈다고 한다. 이런 독서 때문에 박경철은 고2 때는 독서 수준이 높아져, 그 어렵다는 '니체'의 저작을 즐겨 읽으며 옆구리에 끼고 살았다. 그런 그의 모습을 본 친구들이 재수 없게 여길 정도였다.

이때쯤 박경철은 니체의 저작에 깊이 빠졌다. 《차라투스트라는 이렇게 말했다》를 두 번 정도 읽었을 때다. 이 무렵에 일이 터지고 말았다. 오후 첫째 시간, 수학 시간이었다. 박경철이 우연히 창밖을 보니 창문까지 올라온 플라타너스 잎이 햇살을 받아 반짝반짝 은빛으로 빛나고 있었다. 마치 플라타너스 잎이 물고기가 은빛 배를 뒤집는 것처럼 보였다. 문득 철학적 고민이 일었다. '내가 지금 이 시각에 교실에 갇혀 인수분해를 하고 있어야 하나!'라는 생각이 들었다. 다음 시간은 독일어 시간이었다. 그는 쉬는 시간에 과감하게 책상을 들고 옥상으로 올라갔다. 그는 따듯한 햇살을 받으며 《차라투스트라는 이렇게 말했다》에 엄숙히 빠져들었다. 얼마나 지났을까? 뒤통수에 불이 번쩍했다. 정신을 차려보니 뒤통수를 갈긴 사람은 독일어 선생님이었다. "너 여기서 뭐 하는 짓이야?" 순간 박경철의 입에서 반사적으로 튀어나온 말은 "빛이 너무 좋아서요!"였다. 왜 이런 말이 튀어나왔는지 자신도 몰랐다. 박경철은 바로 교무실로 끌려갔다. 선생님은 박경철을 엎드려뻗쳐 시켜놓고 한 대 맞을 때마다 "자라투스트라는 이렇게 맞았다"를 복창하라고 했다. 그는 복창을 하며 엉금엉금 기어야 할 때까지 하키 스틱으로 엉덩이를 맞았다.

그 이후 그는 니체에 집착하게 됐고 니체의 저작을 광적으로 모으기 시작했다. 그는 우리나라에서 니체의 저작을 가장 많이 소장하고 있다고 자부한다. 물론 니체를 전문으로 연구하는 사람을 제외하고다. 그는 니체에 대한 집착 때문에 니체의 말을 확대 해석하는 버릇까지 생겨 니체의 말 한 마디 한 마디를 모두 명언으로 여겼다.

니체의 한 문장에 벼락 맞듯, 독서 갈등을 한 방에 날렸다

고교 시절 그는 독서에 대한 갈등이 있었다. 학교 공부와 독서 사이의 갈등이었다. 당시 고등학교 1학년 말부터는 학교에서 독서가 금지되는 분위기였다. 학교에서 교재 이외 다른 책을 읽는 것은 있을 수 없는 일이었다. 쉽게 말해 학교에서 문학책을 읽는 것은 학교에서 소주를 마시는 것과 같은 반항적 행위로 취급받았다. 독서는 대학을 가는데 전혀 도움이 되지 않는다고 보았기 때문이다. 게다가 공식적으로 학력고사에 나오지 않는 과목은 빼버리고, 그 시간에 영어나 수학 공부를 할 정도였다. 이런 분위기에서 박경철이 니체에게 빠졌으니 갈등을 겪을 만도 했다. 그는 '내가 왜 이럴까? 내가 이래도 되는 건가?'라고 회의를 느꼈다. 학교에서 문학 책을 읽는 것은 규범을 어기는 행위라는 죄책감 때문이었다.

그러다가 니체의 《즐거운 지식》에 나오는 "익숙하지 않은 것에 대한 선의, 새로운 것에 관한 호의"라는 문장을 대하는 순간 박경철은 뒤통수에 벼락을 맞은 느낌을 받았다. 그는 갈등에 대한 답을 찾았다. '이거다. 지금까지 내가 책에 미쳐 있었던 이유가 바로 이거였구나!'라는 생각이 들었다. 그러면서 박경철은 '니체 선생이 내가 이 문장을 읽을 줄 알고 미리 장치를 걸어 두었구나!'라고까지 생각했다. 그때부터 그 문장에 빨간 줄을 긋고 깊이깊이 가슴에 새겼다. 이 짧은 한 문장이 박경철의 마음에 박혀 있던 갈등의 쇠말뚝을 단번에 뽑아버렸다. 그 뒤로 그는 '내가 새로운 것에 대한 호감을 느끼기 시작했구나!'라고 생각하면서 수업보다 독서에 가일층 전념했다.

앨빈 토플러의 한 문장에 뒤통수를 맞고 투자 이론에 빠지다

박경철은 문과로 진학하고 싶었으나 아버지의 바람대로 의대에 진학했다. 당시 정치적 상황은 학생 시위가 절정에 이를 때였다. 그도 시위에 가담했다. 어느 날 그는 시위를 하다가 쫓겨 친구 하숙집에 잠시 피신했다. 그때 친구 방에서 그가 지금까지 보지도 못한 책을 발견했다. 앨빈 토플러의 《미래 쇼크》와 《제3의 물결》이었다. 그는 호기심에 그 책을 뽑아 몇 장 넘겨봤다. 그는 한 문장을 보는 순간 고2 때 니체의 문장을 보고 느낀 것처럼 뒤통수에 벼락을 맞았다. 그 문장은 "미래 사회는 지식이 권력이다"였다.

그 한 문장은 그가 지금까지 알고 있던 선입견을 깨버렸다. 지금까지 그는 사법 고시에 합격해 판·검사가 되거나, 군인이 돼 쿠데타로 정권을 잡거나, 아니면 공무원이나 재벌이 되는 것이 권력인 줄 알았다. 그는 지식을 가진 자가 권력을 쥔다는 말에 충격을 받았다. 그는 마음이 끌려 공부를 해보니 '트렌드'라는 개념도 알게 되고, 시대의 흐름을 간파할 수 있을 것 같았다. 그래서 그는 '권력이 될 수 있는 새로운 지식이 뭘까?' 또 '어떤 것이 상대적으로 경쟁력 있는 지식일까?'를 찾기 시작했다.

당시 의대에서는 의학 영어를 배울 목적으로 〈타임〉이나 〈뉴스위크〉 주간지를 읽고 리포트를 제출했다. 박경철은 의학 코너만 보고 책을 던져버렸다. 그런데 어느 날 평소에 관심 없이 보던 표지가 눈에 들어왔다. 표지에 등장하는 키워드가 주식·투자·펀드 같은 것이었다. 그래서 그는 버린 잡지를 들춰내 꼼꼼히 살폈다. 거기에는 두 주에 한 번 정도 '미국 주식 시장에 열풍이 불고 있다', '미국에 퇴직 연금이 도입돼 자산 시장이 폭발적으로 성장하고 있다', '미국 자산 시장이 10년 만에 10배가 성장했다'라고 적혀 있었다. 이걸 보면서 '미국에서는 왜 이게 핫이슈인가?'라고 생각하는데, 순간 앨빈 토플러의 '지식이 권력이다'라는 말이 겹쳐졌다. 그때 박경철은 '아! 이게 새로운 분야이고 새로운 기회가 되겠구나!'라는 것을 깨달았다. 비로소 그가 찾고 있던 것을 찾았다. 바로 '투자'였다.

박경철은 투자에 대한 우리나라의 실상을 살펴봤다. 한국에서는 이 분야를 대학에서도 가르치지 않았고, 연구하는 곳도 없었다. 심지어 유수 증권사조차 투자 이론은 주먹구구 수준이었다. 그래서 그는 이 분야를 연구하면 되겠다고 확신했다. 그는 한국에는 자료가 없으므로 미국 병원에서 유학 중인 선배에게 도움을 청했다. 선배에게 투자 이론 책을 사서 보내 달라고 부탁했더니 선배가 황당해했다. 의학도가 의학 서적도 아니고 투자에 관한 책을 구해달라고 했으니 그런 반응이 나올 수밖에 없었다. 오랜 설득이 필요했다. 하도 졸라대니 선배가 귀찮았는지 서점에서 닥치는 대로 책을 끌어모아 52권을 국제 우편으로 보냈다.

책을 받고 보니 도저히 감당이 안 되었다. 전공이 다른 원서를 혼자서 번역하기는 불가였다. 그는 생각 끝에 의사로 성공할 가능성이 가장 낮은 친구 세 명을 골라 설득했다. 그는 "내가 볼 때 너희는 의사로 성공할 확률이 제로니까 이게 답이다. 나를 믿고 이 길로 같이 가자"라고 친구들을 꾀었다. 긴 설득 끝에 친구들을 포섭해 각자 17권씩 나눠서 번역하면서 주기적으로 모여 토론을 했다. 결국에 친구들은 떨어져 나갔고 책도 다 읽지 못했지만, 새로운 분야를 최초로 시도하고 새로운 지식을 습득한 것에 대한 자부심은 컸다. 이것이 그가 나중에 한국에서 알아주는 증권 투자 전문가가 되는 데 결정적 역할을 했다.

생애 가장 강렬했던 독서 체험, 니스코 카잔차키스를 읽다

박경철 고수의 인생 경로에 결정적 영향을 미친 책이 니스코 카잔차키스의 《예수 다시 십자가에 못 박히다》이다. 그리고 생애 가장 강렬한 독서 경험을 하게 해준 책은 카잔차키스의 《그리스인 조르바》다. 그는 이 책을 읽고 '그리스 10년 여행'을 인생 목표로 잡았다. 언젠가 자기도 조르바가 걸었던 길을 따라 여행을 하겠다는 것이다. 그리고 20여 년이 지난 후 그는 의사 면허도 휴면한 채 그리스로 떠났다. 1년 6개월간 조르바의 발자취를 따라 순례 여행을 하고 돌아와 그는《문명의 배꼽, 그리스》란 책을 썼다. 그러나 그의 10년 여행 목표는 아직도 진행형이다. 그는 언젠가는 목표를 이루겠다고 한다. 그에게 과연 무슨 사연이 있었기에 의사란 직업도 내던지고 훌쩍 그리스로 떠난 걸까? 답을 찾기 위해 시간을 그의 의대 시절로 거슬러 올라가 보자.

의대 본과 1학년 시절 기말고사 마지막 날이었다. 당시 의대는 기말고사를 3주 동안 치렀다. 시험이 끝나면 겨울 방학이기 때문에 시험 막바지에 의대생들은 시험만 끝나면 '디스코장에 묘비를 세우겠다', '당구장에 뼈를 묻겠다'라는 둥 억눌린 젊음을 발산할 궁리를 했다. 그러면서 끼리끼리 놀 약속을 했다. 그러나 박경철은 노는 방면으로는 취미도 재능도 없었다. 그러니 당연히 사전 약속이 없을 터. 시험이 끝나고 짐을 챙겨 강의실로 갔을 때는 친구들은 끼리끼리 가버리고 혼자만 남았다.

그는 쓸쓸히 자신의 처지를 한탄하며 숙소로 가던 길에 책방에 들렀다. 마땅히 사려고 정해놓은 책이 없었기에 서가를 둘러봤다. 그런데 눈에 확 들어오는 책이 있었다.《예수 다시 십자가에 못 박히다》였다. 제목이 좀 자극적이어서 저절로 손이 갔다. 그 책을 뽑을 때 옆에 있던 책이 함께 딸려 나오다가 바닥으로 뚝 떨어졌다. 무심코 주워보니《그리스인 조르바》였다. 그는 제목에 이끌려 두 권을 모두 샀다.

그는 숙소에 돌아와 라면으로 점심을 때우고 산 책을 읽기 시작했다. 그리고 시간을 잊어버렸다. 얼마나 지났을까? 책을 덮고 정신을 차려보니 다음 날 저녁이었다. 꼬박 하루 한나절이 흘렀다. 그때까지 먹고 자는 것을 잊은 채 그는 책에 빠진 것이다. 그는 완전한 독서삼매경(讀書三昧境)을 경험했다. 그는 "내 생애 가장 강렬한 독서 체험이었다"라고 고백했다. 그는 그 느낌을 말로 표현할 수 없다고 했다. 그는 굳이 표현하자면 "마치 마른 장작에 불이 붙듯 읽는 내내 문장과 문장이 부딪혀 불이 튀었고, 이로 인해 온몸이 타들어 가는 듯한 느낌이었다"라고 했다. 한편 그는 카잔차키스 책을 읽고 큰 충격을 받은 것에만 그친 게 아니다. 그는 카잔차키스가 평생 영웅으로 삼았던 니체·단테·베르그송의 책까지도 탐독하기에 이르렀다. 이를 통해 그는 인문학적 소양의 기초를 탄탄히 다졌다.

독서는 섭취하는 것이고 쓰기는 방출하는 것이다

박경철 고수는 한때 자신의 정체성을 고민한 적이 있다. 지금까지 그는 칼럼니스트로, 증권 투자 전문가로, 혹은 강연가로 이름을 떨쳤다. 하지만 정작 그가 청춘을 바쳐 공부한 의사라는 직업은 어떤 평가를 받고 있는지 생각해 봤다. 답은 간단했다. 별로 내세울 게 없었다. 그는 의사를 네 부류로 보았다. 첫 번째는 훌륭한 의사, 두 번째는 실력 있는 의사, 세 번째는 좋은 의사, 네 번째는 나쁜 의사다. 그가 스스로 판단

해도 자신은 첫 번째와 두 번째는 아니었다. 그렇다면 세 번째와 네 번째인데, 그는 나쁜 의사는 될 수 없고 좋은 의사가 되어야 했다. 그래서 그는 좋은 의사가 되기 위해 부족한 실력을 환자에게 따뜻한 마음을 보여주는 것으로 보상하려고 노력했다. 그런데 이것을 알릴 방법이 없었다. 그래서 지난 10년 동안 환자들과 마음을 주고받은 사연을 글로 적어 알리기로 했다. 그는 지금까지 1만 권이 넘는 책을 읽었기 때문에 글쓰는 일은 아무것도 아니라고 생각했다.

하지만 막상 글을 써보니 생각과는 완전히 달랐다. '나는'이라고 쓰고 나서 다음 단어가 튀어나오지 않았다. 그때 그는 '독서는 섭취하는 것이고 쓰기는 방출하는 것'임을 절실히 깨달았다. '받아들이는 것과 방출하는 것은 다르구나!' 물고기를 통발에 집어넣으면 들어가기는 하지만 나오지 못하는 것과 마찬가지로 독서가 그랬다. 독서는 들어가기는 하는데 튀어나오지 않았다. 그래서 좋은 글을 필사하기로 했다. 유명한 화가나 작곡가들도 처음에는 모작부터 시작하다가 점차 자신의 작품을 만들어낸다는 사실을 그는 책을 통해 알고 있었기 때문이다. 그는 '글도 이렇게 하면 되겠구나!'라고 생각한 것이다.

칼럼과 문학 작품 필사로 글쓰기를 배우다

우선은 칼럼을 필사했다. 필사는 3단계로 한다. 첫 번째는 칼럼 하나를 선택해 20번 정도 베껴 쓴다. 그러면 거의 외울 정도가 된다. 두 번째는 원문에서 수정할 부분을 찾아 고친다. 필사하다 보면 원문에서 좀 걸린다고 생각되는 표현이 있게 마련이다. 아무리 잘 쓴 칼럼이라도 완벽한 것이 아니므로 고칠 부분은 있다. 즉, '이 표현은 이렇게 쓰면 더 낫겠다'라든지, '이 말은 조금 다르게 썼으면 좋았을 텐데'라고 생각되는 단어나 문장을 찾아 교정한다. 이렇게 교정한 것이 원문보다 뛰어나다고 생각될 때까지 고친다. 세 번째는 원문 칼럼과 똑같은 주제로 직접 칼럼을 쓴다. 직접 쓴 칼럼이 원문보다 뛰어나다고 생각될 때까지 몇 번이고 쓰고 또 쓴다. 이렇게 하면 하나의 칼럼을 필사하는 데 15~20일 정도 걸린다.

다음은 문학 작품을 필사했다. 읽었던 책 중에서 인간의 심리나 감정을 가장 탁월하게 표현했다고 생각되는 작품을 골랐다. 오정희 작가의 작품이다. 그녀의 문체는 문학도들에게 필사의 대상이 될 정도로 아름답다. 그녀의 작품은 언어는 이렇게 사용하는 것이라는 전범을 보여준다. 신경숙 작가도 그녀의 작품을 필사하며 문학을 공부했다고 한다. 그래서 그는 오정희 작가의 단편집을 계속 필사했다. 이렇게 그는 칼럼과 문학 작품 필사를 1년 반 정도 했다.

그런 다음에 그는 다시 글을 써봤다. 그제야 글이 술술 풀려나갔다. 그렇게 쓴 책이 바로 《시골의사의 아름다운 동행》이다. 그는 "결코 잘 쓴 글이 아닌데도 의외로 독자들이 뜨거운 반응을 보여줘 놀랐다"라고 했다. 그 책은 40만 부가 팔려 베스트셀러가 됐다. 나중에 중·고등학교 필독 도서가 되고, 일부가 국어 교과서에 실리기까지 했다. 그가 글을 잘 쓰게 된 이유를 이제 알 것 같다. 필자도 그 책을 읽으면서 여러 번 눈시울을 적셨다. 잘 쓴 글이었다.

바쁜 일상에도 자투리 시간에 하루 1.5권을 읽는다

의사 박경철에게 진료가 빼놓을 수 없는 일상이듯 작가 박경철에게는 읽고 쓰는 일이 빼놓을 수 없는 일상이다. 그는 "책을 읽지 않으면 입에 가시가 돋고, 글을 쓰지 않으면 마음에 평화가 오지 않는다"라고 한다. 그래서 사람들은 그의 독서 편력을 '질환'이라고까지 한다. 가히 독서광이라 할 만하다. 그는 진료, 강연, 집필 등 바쁘기로 소문난 사람이다. 그런 와중에도 그는 1주일에 10여 권의 책을 읽는다. 도대체 그는 어떻게 책 읽을 시간을 낼 수 있으며, 또 많이 읽을 수 있을까? 궁금하지 않을 수 없다. 그에게는 두 가지 비밀이 있다.

첫 번째는 자투리 시간 활용이다. 그의 하루는 바쁘다. 한창 활동할 당시 일정을 보면 놀랄 정도다. 그는 하루 일정을 이렇게 소개했다. "저의 가장 바쁜 날 일정은, 아침 5시 30분에 일어나 7시부터 9시까지 라디오를 진행하고, 잠시 회의를 마치고 운동을 한 다음에 11시 30분에 강연을 하러 갑니다. 그 후 비행기를 타고 울산에 가서 강연하고, KTX 타고 대구로 이동해서 또 강연하고, 다시 서울로 돌아와 강연하고, 그리고 11시 정도에 모임에 잠깐 얼굴만 내밀었다가 와서 자는 날도 있어요." (〈네이버 지식인의 서재〉 중에서)

하지만 이런 일정 속에서도 그는 책을 읽는다. 자투리 시간을 이용한다. 그는 이렇게 예를 든다. "비행기를 타고 울산까지 가면, 40~50분 동안 누구의 방해도 받지 않고 비행기 안에서 책장을 넘길 수 있고요. KTX 타고 올라올 때 최소한 두 시간은 책을 읽을 수 있습니다. 심지어 식탁 옆에 책이 한 권 있어요. 밥 먹으면서 대충 훑어볼 수 있는 책을 한 권 두고요. 화장실에도 책을 두지요. 화장실에 있는 책은 정독하는 책입니다. 짧은 시간이지만 한두 줄을 읽고 집중해서 생각해 볼 수가 있어요. 그렇게 보면 하루 중 중간 중간에 책 읽을 수 있는 시간이 많아요. 그 점에서 독서가 참 좋아요."(〈네이버 지식인의 서재〉 중에서)

그는 직선이 아닌 '곡선의 시간'을 보내라고 조언한다. "쓸데없는 망상이나 의미 없이 흘려보내는 자투리 시간을 잘 다듬질하면 한 시간이 1미터가 될 수도 있고 1킬로미터가 될 수도 있다"라고 한다. 그는 그렇게 하려고 화장실에, 침대에, 가방에, 차에, 진료실에, 심지어 식탁에까지 책을 두고 동선이 닿는 곳에서 잡히는 대로 책을 읽는다. 그러니까 특정한 시간을 할애한다기보다는 자투리 시간을 활용하는 것이다.

두 번째는 읽는 방식이다. 사실 바쁜 일정 속에서 하루 1.5권의 책을 정독한다는 것은 무리다. 그러니 읽는 방식을 달리한다. 그는 책에 따라 속독·정독·간독 등 다양한 독서법을 병행한다. 그는 책을 읽기 전에 그 책이 어떤 부류의 책인지 먼저 판단한다. 또 책의 제목, 목차, 서문 등을 보고 속독할 책인지, 숙독이나 정독할 책인지, 간독할 책인지 결정한다.

책의 부류에 따라 읽는 방식은 이렇다. 인문서나 교양서는 필요한 부분만 읽는 간독을 한다. 문학은 맥락과 의미가 중요한 책이면 정독으로 문장 단위로 읽고, 시처럼 언어의 미학이 중요하다면 단어 단위로 숙독한다. 그리고 많은 책을 섭렵하거나 이미 아는 내용을 되새길 때는 문단 단위로 속독한다. 이렇게 책에 따라 읽는 방식을 달리하는 것이 그의 비결이다.

독서에서 '리더스 하이'를 느껴야!

마라톤을 하다 보면 처음에는 숨이 차고 힘들다가도 사점(dead point)을 지나면 언제 그랬냐는 듯 몸이 가뿐해진다. 더 나아가 시·공간을 초월하고 박진감을 느끼며 희열감을 느껴 자신의 몸이 날아갈 것 같은 상태에 이른다. 이 상태가 바로 러너스 하이(runner's high)다.

독서에서도 이런 체험의 영역이 있다. 박경철 고수는 이렇게 말한다. "독서를 하면서 머리끝부터 꼬리뼈까지 찌릿찌릿한 느낌을 받는 것이 '리더스 하이(reader's high)'라 할 수 있다. 이런 독서 체험이 최고의 경지가 아닌가 싶다. 이런 체험을 하려면 조금 버거운 책을 읽어야 한다. 자기 수준에 적당한, 혹은 원만한 수준의 책을 읽으면 이런 체험은 존재하지 않는다. 그러면 독서가 발전이 없고 제자리에서 맴돈다."

현재 수준에서 약간 난해한 내용의 책을 읽는 것에 숙달되면, 쉬운 문장이나 언어로 쓰인 책은 시시하다. 고산 등반가가 동네 뒷산에 오르면서 쾌감을 느끼지 못하는 것과 같은 이치다. 독서는 지금 내 수준에서 조금 힘든 언어, 문장, 주제를 담은 책을 골라 한 발 한 발 나아가는 것이어야 한다. 그 과정에서 '리더스 하이'를 체험하게 되면 그야말로 독서 고수로 발돋움하게 된다. 이게 바로 '독서 임계점'을 돌파하는 것이다.

박경철 고수는 읽기에 조금 불편한 책, 조금 버거운 책을 보라고 권한다. 지금 읽기에 편안한 책을 읽는 것은 오락에 불과하기 때문이다. 그는 재미로 책을 읽는 사람을 보면 어리석다는 생각이 든다고 한다. 재미로 치면 독서보다 훨씬 더 재미있는 것이 많은데 굳이 책을 읽을 필요가 없기 때문이다. 심지어 그는 "편안한 독서는 독이다"라고까지 말한다.

박경철 고수의 서재는 부족한 것을 채워나가는 공간, 즉 학교다

박경철 고수에게 서재는 학교다. 서재는 학습의 공간이고, 한 권의 책은 한 명의 스승이다. 그러니 수많은 스승이 존재하는 학습 공간, 즉 서재는 학교다. 청소년기 공부는 학교에서 선생님에게 배우는 '學(학)'의 과정이다. 학교를 떠난 성인의 공부는 배운 것을 몸에 익히는 '習(습)'의 과정이다. 이런 습의 과정은 혼자서 책을 통해 이루어진다. 책을 통해 익히는 곳이 서재다. 따라서 서재가 학교인 셈이다.

그의 서재는 신세계연합의원 원장 시절, 안동에 있는 70평 아파트에 있었다. 안방을 서재로 꾸몄다. 방 가운데 책을 읽을 수 있는 책상을 하나 두고 나머지 네 벽을 책장으로 둘러쌌다. 그는 이 서재를 '탐욕의 방'이라고 했다. 식탐하는 사람이 사방에 음식을 깔아놓는 것처럼 책 탐하는 사람이 욕심을 채우려고 책을 가득 채운 방이라 해서 그렇게 이름을 붙였다. 소장된 책이 1만2500권이 넘는다. 웬만한 서점보다 책이 많다. 이 책들은 경제적, 시간적 여유가 있던 30대부터 모은 것이다.

서재에는 만화책부터 한의학과 요리책까지 모든 장르의 책이 망라돼 있다. 요리책이라고 괜히 꽂아 놓은 게 아니다. 그는 한식 조리사 자격증을 이 책을 보고 땄다. 서재에 있는 모든 책은 대충이라도 한 번 이상 그의 손과 눈을 거쳐 갔다. 그가 얼마나 많은 책을 읽었는지 알 수 있다.

그가 책을 읽는 궁극적 이유는 '책 읽는 오르가슴'을 느끼고 싶어서다. 오르가슴을 느낀다는 말이 좀 이상하게 들릴지 모르지만, 1부에서 말했듯이 "이 책을 안 읽었으면 어떡할 뻔했냐!"라고 무릎을 딱 치면서 쾌감을 느끼는 것을 말한다. 가히 독서광답다. 책 읽는 재미를 느껴본 사람은 그 쾌감을 즐긴다. 그 정도 단계에 이르려면 상당한 독서력이 있어야 한다. 특히 박경철 고수처럼 책 읽는 오르가슴까지 느낄 정도면 대단한 고수다. 만 권이 넘는 장서를 소장한 독서가의 면모다.

박경철 고수가 추천하는 책

박경철 고수는 《시골 의사 박경철의 자기 혁명》에서 성장 시기별로 읽어야 할 책을 소개하고 있다. 중학생 시절은 감각적인 고전 문학으로 상상력을 키울 시기다. 따라서 펄 벅의 《대지》에서 출발해서 루쉰의 《아Q정전》과 위화의 《가랑비 속의 외침》 등 중국 문학을 읽을 것을 권한다. 그리고 《데미안》, 《싯다르타》, 《좁은 문》, 《변신》, 《오만과 편견》, 《노인과 바다》 등 보편적인 고전 문학도 함께 권한다.

고등학생에게는 의식과 인지력 확장을 위해 시와 한국 문학, 제3세계 고전을 권한다. 시는 서정주부터 김수영까지 읽고, 한시(漢詩)도 정민 선생의 책을 읽어 묘미를 알면 좋다. 그다음은 우리 근·현대 소설과 《카라마조프가의 형제들》, 《죄와 벌》 등 러시아 문학도 좋다. 그리고 제3세계 문학과 《삼국지》 등을 읽으면서 사고의 폭을 넓혀가면 좋다.

대학생에게는 역사·철학·사회학 등 인문학과 현대문학, 과학 서적을 읽기를 권한다. 일주일에 최소 두 권은 읽는다는 각오로 읽는다. 철학의 경우 관념론은 아리스토텔레스에서 시작해 데카르트와 스피노자에서 끝내고, 니체 이후로 빠르게 전환한 다음 경제와 사회학과 심리학으로 확장해 나가면 좋다.

자연과학자 최재천
취미독서가 아니라 기획독서를 하라

"자연은 내 마음속에 꿈의 씨앗을 심어주었고,
책은 그 씨앗이 싹을 틔우도록 물을 주었다."
― 최재천 ―

세계적인 생물학자 최재천 교수

최재천 교수는 개미 박사로 알려진 세계적인 생물학자다. 그에겐 수식어가 많이 따라붙는다. 그는 시인의 마음을 품은 자연과학자, 국내 최고의 진화생물학자 · 동물행동학자 · 생태학자 · 사회생물학자라고 불린다. 게다가 그는 자연과학과 인문학을 넘나드는 통섭 학자라고도 한다. 그리고 교수, 베스트셀러 작가, 칼럼니스트, 방송가, 유명 강사도 그를 따라다니는 수식어다. 그는 이런 수식어만큼이나 상도 많이 받았다. 1989년 미국 곤충학회 젊은 과학자상, 제1회 대한민국 과학문화상, 대한민국 과학기술 훈장 등을 받았고, 호주제 폐지에 이바지한 공로로 남성 최초로 올해의 여성운동상도 받았다. 이처럼 그는 여러 분야를 넘나들며 큰 영향력을 미치는 우리 시대의 대표적인 독서 고수다.

시인을 꿈꾸던 문학청년, 방황 끝에 과학도가 되다

최재천 고수의 어릴 적 꿈은 여러 차례 진화했다. 초 · 중학생 시절에는 시인, 고3 때는 조각가의 꿈을 키우기도 했다. 그러다가 아버지의 권유로 법대를 나와 판검사가 되려 했다가 어느 순간 의사가 되기로 했다. 하지만 그는 의대 시험에서 두 번 고배를 마시고 결국 원하지도 않던 과학자가 됐다. 이런 방황은 '자기답게 사는 길'을 찾으려면 꼭 필요한 과정이었다. 그의 방황의 길을 되돌아보자.

그는 강릉 할아버지 집에서 태어나 자랐다. 그곳에서 그는 온종일 산천을 누비고 뛰놀며 자연 안에서 편안함과 즐거움을 느꼈다. 그러다가 그는 일곱 살에 서울로 왔다. 그는 어릴 적 마음껏 뛰놀던 강릉의 자연을 항상 그리워했다. 그는 중학교에 다닐 때까지 방학 때면 어김없이 강릉을 찾았다. 그래서 그는 "몸은 서울에서 자랐지만, 마음은 강릉에서 자랐다"라고 회고한다. 처음부터 과학자를 꿈꾸진 않았지만, 이미 그는 유년 시절에 과학자의 적성을 고스란히 내비치고 있었다.

그의 문학적 소질은 아주 어릴 적부터 나타났다. 그는 아홉 살에 시를 지었다. 그리고 그는 초등학교 3학년 때 시인이 되겠다고 생각했다. 어린 최재천은 당시 대학생이던 큰삼촌이 만들어 준 노트를 보물 1호처럼 옆구리에 끼고 다니며 시를 습작했다. 그러다가 본격적으로 시인이 되겠다고 결심한 것은 중2 때였다. 교지에 그의 시가 실리고 교내 백일장에서 장원한 것이 계기가 됐다.

그는 어머니의 교육열 덕택에 고액 과외를 받아 명문이라고 하는 경복중학교에 들어갔다. 하지만 최재천은 공부는 뒷전이고 놀기를 더 좋아했다. 하지만 시 쓰는 것과 교지에 관한 관심은 많았다. 교지에 시가 실린 친구가 있으면 그는 어떻게 하면 실릴 수 있는지 찾아가 물었다. 친구가 시를 써서 내고 뽑히면 된다고 하자 그는 시를 써서 냈다. 그의 시가 뽑혀서 교지에 실렸다. 이건 시작에 불과했다.

하루는 운동장에서 축구를 하고 노는데, 학생들이 선생님을 따라 교문을 나서고 있었다. 얼른 달려가 최재천이 그들에게 어디 가느냐고 물으니 백일장에 가는 중이라고 했다. 최재천은 자신도 가면 안 되냐고 선생님에게 물어봤고 선생님은 그러라고 했다. 허락이 떨어지자마자 최재천은 잽싸게 가방을 챙겨 뒤따랐다. 백일장 장소는 경복궁이었다. 시제는 '고궁'과 '낙엽'이었다. 그는 '낙엽'에 대해 썼다. 그런데 전혀 예상치 못한 일이 벌어졌다. 최재천이 장원으로 뽑힌 것이다. 심사위원으로 초빙된 장만영 시인의 심사평이 더 기가 막혔다. "중·고등학교 통틀어서 최재천 학생이 쓴 〈낙엽〉이 가장 탁월하다. 하나의 이미지를 잡아 집요하게 따라간 기법이 좋다"라고 평했다. 전교 조회 시간에 교장 선생님이 직접 시상했다. 졸지에 최재천은 교내 유명 인사가 됐다. 선생님들이 최재천을 만날 때마다 불러 세워 백일장 얘길 했고, 국어 선생님은 수업 시간에 "어이, 시인!"이라고 부르기까지 했다. 그런 말을 자꾸 듣다 보니 그는 시인이 될 운명이라고 믿게 됐다.

또 하나의 사건이 벌어졌다. 고3에 막 올라갔을 때 최재천은 문예반에서 미술반으로 스카우트됐다. 미술 숙제로 제출한 비누 조각품 때문이었다. 당시 미술 선생님은 나중에 한국예술종합학교 초대 미술원장을 지낸 오경환 선생님이었다. 선생님이 조각 숙제를 내주었는데, 그는 숙제를 까맣게 잊고 있었다. 그러다가 최재천은 급한 나머지 제출 하루 전날 밤을 꼬박 새워 비누로 불상을 조각했다. 다음 날 선생님은 과제물을 책상에 올려놓으라고 한 다음, 한 사람씩 검사했다. 그런데 최재천 앞에 오더니 조각품을 갖고 앞으로 나와서 모두 볼 수 있게 높이 들라고 했다. 그러고는 "내 미술 교사 역사상 처음으로 만점을 주겠다"라고 했다. 그리고 최재천에게 방과 후에 교무실로 오라고 했다. 최재천이 교무실에 갔더니 선생님이 다짜고짜 미술반에 들어오라고 했다. 그가 난감해하자 선생님이 비장의 카드를 썼다. 선생님이 "이거 네가 만든 것 아니지?"라고 했다. 그러면서 "네가 만든 것이 맞으면 미술반에 들어와서 입증해 보라"고 했다. 최재천은 울며 겨자 먹기로 미술반에 들어갔다.

이후 선생님은 당시 서울대 미대 학장으로 계시던 김세중 화백을 만난 자리에서 "제가 이놈 미대 보낼 테니 받으셔야 합니다"라고 인사까지 시켰다. 그리고 선생님이 직접 데생을 가르치기도 했다. 얼마 후 최재천은 미술전에 작품을 출품했다. 이때 미술전을 참관한 대학교수들이 최재천의 작품을 보고 "잘 만들었네. 모딜리아니(이탈리아 화가)와 자코메티(스위스 조각가)가 만난 것 같군"이라고 호평했다. 이런 일을 겪고 나서 최재천은 "나는 시인이 아니라 조각가가 되어야 하는 걸까? 신이 내게 그쪽 재능을 더 많이 심어놓으셨나?"라고 생각했다.

그러나 조각가의 꿈은 한순간에 산산 조각났다. 최재천은 대학 진학 문제로 고민했다. 그는 망설이다가 용기를 내 아버지께 미대에 진학하면 안 되겠냐고 물었다. 그러자 아버지가 "시끄럽다! 넌 우리 집 장남이다. 장남으로서 해야 할 일이 있고, 하지 말아야 할 일이 있다"라고 했다. 그 후 대입 원서 쓸 기간이 다가오자 아버지가 법대에 가라고 했다. 그는 다른 구실을 대봐야 허사라는 것을 잘 알았고, 장남이라는 책임감 때문에 순순히 받아들였다. 그런데 얼마 후 아버지가 갑자기 의대에 가라고 했다. 갑자기 진로가 법대에서 의대로 바뀐 데는 그럴 만한 이유가 있었다.

당시 아버지는 포항제철에 근무했는데 부하 직원 중에 적성검사 전문가가 있었다. 아버지가 그에게 최재천의 성장 과정을 얘기해주고 진학 문제를 자문했다. 그러자 그가 대뜸 "아드님은 한마디로 의사가 되려고 태어난 사람이네요. 얘기 들어보니 딱 의사네요. 의대 보내세요"라고 하더란다. 그래서 최재천의 진로는 법대에서 갑자기 의대로 바뀌었다. 그렇게 해서 최재천은 서울대 의예과에 원서를 냈다. 전교에서 그를 포함해 아홉 명이 응시했는데 최재천만 낙방했다. 그리고 최재천은 재수하고도 또 의예과에 떨어져 원하지 않던 동물학과에 들어가 과학도가 됐다.

내가 과연 동물학을 공부해서 밥이나 먹고 살까?

최재천은 아버지께 삼수하겠다고 했으나 허락하지 않았다. 그런데 그는 친구로부터 동물학과에 합격했다는 연락을 받았다. 알고 보니 선생님이 입학 원서에 2지망이 비어 있는 것을 보고 의예과와 가장 비슷한 학과인 동물학과를 대신 적어 넣은 것이다. 그래서 최재천은 생각지도 않은 학과에 들어가게 됐다. 그랬으니 학업에 충실할 리 없었다. 학교에 나가기는 했으나 전공과목 공부는 제쳐두고 그의 마음은 다른 곳에 가 있었다. 그는 인문대학이나 수학과 같은 곳을 기웃거리고 동물학과에는 나타나지도 않았다. 그러니 학점 관리가 될 리 없었다. 이런 생활을 하다가 4학년이 돼 앞날을 생각하니 눈앞이 캄캄했다. 학점 관리도 못 했기 때문에 취직도 어려울 터였다. 그렇다고 공부를 계속하자니, '내가 과연 동물학을 공부해서 앞으로 밥이나 먹고 살까?'라는 고민이 생겼다.

이런 고민 중에도 그는 아르바이트로 수학 과외를 했다. 대학 수험생에게 수학 문제를 내주는 일이었다. 그렇게 문제를 내다가 그는 이상한 점을 하나 발견했다. 일본 수능에 나왔던 문제가 몇 년 뒤 한국 수능 문제로 출제되는 것이었다. 이를 간파한 그는 종로에 있는 일본 책 서점을 뒤져 일본 수능 기출 문제를 모두 수집해 분석했다. 그렇게 해서 그는 수학 예상 문제를 만들어 학생들에게 풀게 했다. 그런데 그해 수능에 그가 낸 예상 문제가 두 문제나 나왔다. 한 학생은 시험을 마치고 나오자마자 자기 어머니에게로 달려가는 것이 아니라 최재천에게로 달려와 "선생님! 두 문제가 나왔어요! 두 문제"라고 외치며 그를 끌어안았다. 주변 학부모들의 눈에 최재천은 대단한 과외 선생으로 보였다. 그가 졸지에 최고 족집게 선생이 되는 순간이었다. 그 뒤 학부모들이 집까지 찾아올 정도로 최재천은 인기가 있었다. 자칫 최재천은 과외 선생의 길로 빠질 뻔했다.

내 인생을 바꾼 한 권의 책, 자크 모노의 《우연과 필연》

최재천 고수의 인생을 바꾼 책은 프랑스 생물학자 자크 모노가 쓴 《우연과 필연》이다. 이 책이 그를 생물학자의 길로 이끌었다. 이 책은 생명의 기원과 진화 과정을 독창적인 관점으로 규명하는 과학철학서의 고전이다. 자크 모노는 1965년 노벨 생리의학상을 수상한 저명한 과학철학자다. 최재천 고수는 자크 모노에 매료돼 이 책을 여러 번 탐독했다. 그는 이 책이 자신의 운명을 바꿔놓았다고 말한다. 그가 진로를 결정하지 못하고 방황하고 있을 때 생물학을 공부하게 했고, 유학을 택하게 했기 때문이다.

그는 이 책을 어떻게 만났을까? 앞에서 언급했듯이 그는 일본 수능 문제를 찾으려고 일본 책 서점을 자주 드나들었다. 최재천 고수는 이날도 우연히 종로 1가에 있는 일본 책 서점에 들렀다가 일본 책들 속에서 영어로 된 책 한 권을 발견했다. 아주 얇은 책인데도 유난히 최재천 고수의 눈에 띄었다. 그는 뭔가에 이끌린 듯 책을 뽑아 몇 장을 넘겨보았다. 그런데 눈을 의심할 정도로 뭔가 번쩍하는 느낌이 들면서 "우주에 존재하는 모든 것은 우연과 필연의 존재다"라는 문장이 머릿속을 파고 들었다. 그는 순간 온몸에 전율을 느꼈다. 당시만 해도 사람들은 과학자가 철학 얘기를 하면 안 되는 줄 알았다. 그런데 저자는 이 책에서 줄줄이 철학적인 얘기를 쏟아냈다. 그런 자크 모노에 매력을 느꼈고, 자크 모노가 그의 롤 모델이 됐다. 그래서 그는 이 책을 읽고 저자를 따라 생물학자의 길을 걷게 되었다고 말한다.

그에게는 이 책에 대한 에피소드가 또 하나 있다. 이 책이 원서이기 때문에 당시에는 구하기가 어려웠다. 친구들이 이 책을 빌려달라고 해 빌려줬더니 책이 돌면서 자꾸 낡았다. 그래서 그는 복사본을 만들 생각을 했다. 그리고 그는 읽고 싶은 사람을 파악했다. 교수님까지 합쳐서 80명 정도 됐다. 책을 제본하면 모두 사겠다는 확답을 받고 명단을 작성한 뒤 80권을 제본해 돌렸다. 그런데 모두 책만 가져가고 돈을 주지 않았다. 요즘도 가끔 친구들이나 교수들 방에 가면 아직 그 책이 보인다고 한다. 그럴 때면 농담으로 책값 내놓으라고 하면서 한바탕 웃는다고 한다.

방황 끝에 아버지 퇴직금을 쥐고 유학길에 오르다

그는 자크 모노의 책을 읽고 생물학을 계속 공부하기로 했다. 그러나 국내는 이 분야의 전문가가 없으므로 유학을 가야만 했다. 그래서 그는 아버지께 유학을 보내 달라고 간청했다. 그때 아버지가 "지금 집에 돈을 쌓아놓고 사는 것도 아니고, 월급 받아 겨우겨우 먹고사는 형편을 네가 잘 알지 않느냐?"라고 했다. 그리고 아버지가 "4형제 중에 동생 셋은 대학을 한 번에 들어갔는데 너는 그렇지 못했다. 그러니 유학을 가본들 가망 없는 것을 네가 더 잘 알지 않느냐?"라고 했다. 그래도 그는 아버지께 매달릴 수밖에 없었다.

자식 이기는 부모 없다고 결국 아버지는 유학을 허락했다. 당장 돈이 없으니 아버지는 퇴직을 택했다. 퇴직금을 받아 유학 자금을 마련하기 위해서였다. 아버지의 퇴직에 얽힌 에피소드가 있다. 원래 아버지는 육사를 졸업한 장교로 직업군인이었다. 당시 박정희 대통령은 박태준(나중에 포철 회장이 됨)에게 포항제철을 건설하도록 지시했다. 그러면서 필요한 인재는 누구라도 데려다 쓰라고 했다. 그때 아버지는 육군본부에서 인사 분야 일을 했는데 일 잘하기로 소문이 나 있었다. 그래서 박태준에게 발탁돼 포항제철에서 인사 담당자로 일했다. 그런데 난데없이 사표를 내니 박태준이 가만있을 리 없었다. 아버지는 박태준에게 자초지종을 말했다. 사연을 들은 박태준은 감동해 사표를 수리하면서 서울에 있는 제철판매회사에 자리를 마련해주었다.

최재천 고수는 1979년 미국으로 유학을 떠났다. 김포 공항 출국장에서 그는 대성통곡했다. 퇴직금을 유학 자금으로 손에 쥐어 준 아버지의 깊은 사랑에 그는, 북받쳐 오르는 감정을 억누르지 못했다. 그렇게 유학길에 오른 터라 미국에선 한눈팔 생각을 감히 하지 못했다. 그는 정말 열심히 공부했다. 펜실베이니아 주립대학에 입학한 그는 3년간 공부에 몰두해 석사 학위를 취득했다. 그리고 하버드대에서 7년 동안 기숙사 사감으로 생활비를 벌면서 어렵게 공부해 생물학 석·박사 학위를 받았다. 이는 그가 '사람은 왜 잠을 자야 할까?'라고 생각할 정도로 밤새워 열심히 공부한 결과였다.

자연과학과 인문학을 넘나드는 통섭의 지식인이 되다

최재천 교수는 우리 시대의 대표적인 통섭 학자다. 통섭이란 자연과학과 인문학을 연결하고자 하는 통합 학문 이론이다. 통섭(統攝)은 그가 2005년 자신의 하버드대 스승인 에드워드 윌슨 교수가 1998년에 쓴 책 《Consilience》를 《통섭》이라고 번역하면서 널리 알려졌다. 이제 통섭은 경제·정치·문화 전반에서 통용되고 있으며, 미래 인재들에게 꼭 필요한 자질로 인식되고 있다.

최재천 교수는 통섭을 "작은 지류들이 한데 모여 큰 강을 이루듯이 서로 다른 학문 분야의 지식과 이론이 한데 모여 하나의 거대한 통합 이론이 되는 것"이라고 정의했다. 쉽게 말해 "한 울타리 안에서 보는 것보다 강 건너가서 보고, 옆집에 가서 우리 집 들여다보고, 다른 동네 가서 우리 동네 보고, 남의 분야 가서 내 분야 들여다볼 때 진정한 통찰력이 생긴다"라는 것이다.

최재천 교수는 통섭을 몸소 실천하고 있다. 그의 지적 관심 영역은 자신의 전공인 동물행동학과 생태학을 넘어 문학, 철학, 역사, 사회과학, 심리학과 미술, 경영에 이르기까지 다양하다. 이런 그의 통섭형 자질은 어렸을 때부터 통섭적인 삶을 살아왔기에 생긴 것이다. 그는 학창 시절 시인과 조각가가 되고자 했고, 동·서양의 문학 작품을 탐독했다. 그리고 의예과로 진학하려다가 동물학과로 진학했다. 대학 생활에서도 다양한 동아리 활동을 했으며, 미국에서 유학 생활을 하면서도 끊임없이 다른 분야를 기웃거렸다. 게다가 학자의 길을 걸으며 다양한 책을 읽었다. 따라서 그의 통섭형 자질은 이런 통섭적인 삶이 빚어낸 결과였다.

그가 통섭을 얘기하면서 자주 인용하는 구절이 있다. 황병기 명인이 장한나 첼리스트에게 해준 "우물을 깊게 파려면 넓게 파라"는 명언이다. 이것이 통섭의 시작이고 끝이기 때문이다. 그는 20세기까지는 인문학과 자연과학이 따로 놀았지만, 21세기는 여러 학문을 넓게 파야 진리를 탐구할 수 있는 시대라고 했다.

이제는 '통섭형 인재'가 필요한 시대다. 통섭형 인재란 다른 분야의 전문가들과 거침없이 공동연구를 할 수 있는 사람이다. 그러려면 학문적 소양을 두루 갖춰야 한다. 학문적 소양을 갖추는 도구로서 책만큼 좋은 게 없다. 다양한 분야의 책을 많이 읽어야 한다. 즉, 통섭형 독서가 필요하다.

통섭형 독서 습관으로 통섭형 인재가 되다

최재천 고수는 대단한 독서가다. 그는 자신의 독서 습관을 다양성이라고 했다. 이를 '통섭형 독서 습관'이라 이름 붙였다. 그의 이런 독서 습관은 그의 서재를 보면 알 수 있다. 수천 권의 책이 말해준다. 책장에 꽂힌 책은 전공인 생물학 분야를 넘어 문학, 철학, 역사, 사회과학, 심리학, 경영학에 이르기까지 다양하다. 그는 이 서재를 '통섭원'이라 부른다. 그는 통섭을 실천하려고 자신부터 다양한 분야의 책을 섭렵한다. 그럼 그의 독서 이력을 살펴보자.

최재천 고수는 어릴 적 놀기 바빴다. 어머니가 책을 읽게 하려고 월부로 열두 권짜리 《세계동화전집》을 사줬다. 비싸게 샀으니 열심히 읽으라고까지 일렀건만 어린 최재천은 노는 데 정신이 팔려 책은 거들떠보지도 않았다. 그러다가 그는 하도 천방지축으로 뛰놀다 보니 노는 것도 심드렁해졌다. 최재천이 방에 누워 빈둥거리는데 책장에 꽂힌 《동아백과사전》이 눈에 들어왔다. '어, 이게 뭐지?' 하며 펼쳤는데 세상의 온갖 신기한 것들이 다 들어 있었다. 그는 총천연색 사진으로 된 갖가지 동물을 보는 게 재미있어 틈만 나면 여기저기를 펼쳐 읽었다. 이때 최재천은 책과 떼려야 뗄 수 없는 인연을 맺었다. 이때가 초등학교 4학년 때였다.

백과사전을 보며 책 읽는 즐거움을 안 최재천은 자연스럽게 어머니가 사 준 동화책에 손이 갔다. 놀 줄만 알던 그에게 동화는 새로운 세상이었다. 《세계동화전집》은 최재천의 가장 친한 친구가 됐다. 그중

《집 없는 천사》와 《사랑의 학교》는 열 번도 넘게 읽어 거의 외울 정도가 됐다. 이런 동화 읽기는 중학생이 될 때까지 이어졌다. 수없이 읽고 또 읽었다. 그랬더니 그는 '생각하는 사람'이 됐다. 그는 스스로 읽은 이야기를 각색해 동화를 짓기도 했다. 어린 최재천에게 사유의 세계가 만들어지기 시작한 것이다.

중학생 때도 어머니가 월부로 《한국단편문학전집》을 사줬다. 그는 전집에 금세 빠져들었고, 전집을 보고 놀라움을 감추지 못했다. 전혀 몰랐던 세상이 그 책 속에 펼쳐져 있었다. 동화책과는 차원이 달랐다. 김동인의 〈감자〉, 〈배따라기〉 오수영의 〈메아리〉 같은 작품은 한창 사춘기를 맞은 그를 설레게 했다. 그는 공부보다 한국 단편 문학에 푹 빠져 살았다. 국어 시간에 선생님이 그에게 교과서에 나온 작품 설명을 시킬 정도였다. 최재천은 어떤 때는 선생님도 읽지 않은 단편을 설명하기까지 했다.

고등학교에 입학하자마자 그는 어머니께 노벨문학상 수상 작가의 책을 사달라고 졸랐다. 그렇게 해서 그는 《노벨문학선집》을 얻었다. 책장에 꽂힌 전집을 보기만 해도 최재천은 가슴이 벅찼다. 그런데 막상 읽어보니 생각보다 잘 읽히지 않았다. 그래도 한국 단편 문학을 섭렵한 터라 그는 세계문학도 독파하고 싶은 마음에 기를 쓰고 읽었다. 그러자 시간이 지날수록 새로운 맛을 느낄 수 있었다. 예전에 동화책을 읽을 때처럼 환상적인 느낌이 되살아났다.

그 뒤로 그는 해마다 그해 노벨문학상 수상 작품을 사다가 전집에 끼워 넣는 버릇이 생겼다. 그중에 솔제니친의 작품이 있다. 솔제니친은 1970년에 《이반 데니소비치의 하루》, 《암 병동》 등의 작품을 쓴 작가다. 그는 솔제니친의 작품을 읽다가 책 뒷부분에 실린 〈모닥불과 개미〉라는 수필을 읽었다. 반쪽짜리 짧은 수필이 그에게 강렬한 인상을 줄지 미처 몰랐다. 이 수필이 훗날 그를 동물학의 세계로 이끄는 씨앗이 되었다.

대학생 때도 그는 공부는 별로였지만, 책은 꾸준히 읽었다. 그는 앞에서 언급했듯이 《우연과 필연》을 읽고 방황의 늪에서 빠져나왔다. 그리고 미국 유학 시절 한 권의 책을 읽고 나서 그의 인생관, 가치관, 세계관이 하루아침에 바뀌었다. 그 책이 《이기적 유전자》다. 그는 점심때쯤 《이기적 유전자》에 빠져들었는데, 책을 다 읽고 눈을 들어보니 날이 밝아오고 있었다. 밤새워 읽은 것이다. 그리고 책 읽기 전과 읽은 후의 세상이 완전히 달라졌다. 이런 그의 독서 이력이 통섭형 독서 습관의 밑거름이 된 것이다.

그의 통섭형 독서 습관은 한마디로 "깊이 파려면 넓게 파라"다. 옛 어른들이 김장독을 묻을 때처럼 넓게 파야 깊게 팔 수 있다는 것이다. 다양한 분야를 넓게 읽어야 함을 말한다. 그래야 통섭할 수 있다. 서울대학교 차종익 교수가 진행한 인터뷰에서 어느 학생이 최재천 고수에게 통섭형 독서의 비결을 물었다. 그는 외국에 나갈 때면 꼭 하루나 이틀 정도 시간을 내 제일 좋은 책방에 가서 서가에 꽂힌 다양한 분야의 책 제목을 보고 학문의 추세를 읽는다고 답했다. 그는 이것을 6개월에서

1년 주기로 하면서 학문의 흐름을 간파한다. 통섭의 달인답다.

취미독서가 아니라 기획독서를 하라

우리나라 사람들은 보통 '독서'를 취미 칸에 쓴다. 그래서인지 대부분 취미로 독서를 한다. 최재천 고수는 독서는 취미가 아니라 '일'이라고 말한다. 그에게 독서는 일이고 책은 일거리다. 따라서 그는 취미독서가 아니라 기획독서가 진짜 독서라고 한다. 그는 취미독서를 경계한다. 그는 "독서를 취미로 한다고요? 그만두세요. 눈만 나빠집니다. 차라리 클럽 가서 춤추세요"라고 말한다. 독서보다 재미있는 것이 많고 많은데 왜 독서를 취미로 하느냐는 것이다. 게다가 취미를 독서라고 말하는 사람치고 제대로 책을 읽는 사람을 못 봤다고 덧붙인다.

그럼 기획독서란 어떤 것인가? 취미독서의 반대 개념이다. 취미독서가 마음을 비우고 머리를 식히려고 하는 독서라면, 기획독서는 잘 모르는 분야의 책을 붙들고 씨름하는 독서다. 독서는 일이다. 그래서 일하듯 독서도 치열하게 해야 한다. 그 일은 지식의 범위를 넓히고 싶어 잘 모르는 분야의 책을 붙들고 씨름하는 것이다.

구체적으로 어떻게 하는 것인가? 모르는 분야의 책을 잡았는데 처음부터 술술 읽힐 리 없다. 무슨 말인지 모르겠고 책장이 넘어가지 않는다. 그래도 일로 삼아 책과 씨름하며 계속 읽는다. 그러면 우여곡절 끝에 한 권을 읽게 된다. 그런데 도대체 뭘 읽었는지 기억에 남는 게 하나도 없다. 하지만 여기서 포기하면 안 된다. 기왕에 읽기 시작한 그 분야의 책을 두세 권 더 읽는다. 그러면 신기하게도 책장이 넘어가고 책이 이해된다. 그러다 보면 차츰 지식의 영역이 넓어진다. 이렇게 새로운 분야를 알아가는 것이 기획독서다.

기획독서가 왜 필요한가? 특히 왜 젊은이들에게 필요한가? 최재천 교수는 이렇게 설명한다. 미래 학자들에 의하면 100세 시대도 머지않았다. 그렇다면 지금 젊은이들은 평생에 직업을 적어도 대여섯 번 바꿔야 한다. 왜냐하면, 30세부터 90세까지 일한다고 치면 적어도 60년을 일해야 한다는 계산이 나온다. 60년을 한 직장에서 버틸 수 없기에 자연히 여러 직업을 가질 수밖에 없다. 또 정년도 사라질 것이다. 그렇다면 새로운 직장을 구하는 것이 현실 문제가 될 것이다.

새 직장을 구하려면 그 직장에 필요한 지식을 갖춰야 한다. 그렇다고 직장을 구할 때마다 대학에 들어가 공부하는 것은 현실적으로 불가능하다. 다시 학교로 돌아갈 수 없다면 제일 좋은 방법은 역시 책을 붙잡고 씨름하는 것이다. 새로운 분야에 대한 정보를 기획독서로 얻어야 한다. 그러니 독서가 취미가 될 수 없고, 직장을 구하기 위한 일이 된다. 곧 독서가 먹고사는 문제와 직결된다. 그러니 독서는 선택이 아니라 필수다. 그는 다시 한번 강조한다. 독서는 밥줄이다. 책을 읽어야 먹고 산다. 특히 젊은이들은.

최재천 교수는 기획독서를 했을 때 일어날 수 있는 '나비효과'를 《통섭의 식탁》에서 예를 들어 설명한다. 40대 초반의 두 동창이 길에서 우연히 만난다. A라는 친구는 사업을 시작했고, B라는 친구는 실직 상태다. 서로 안부를 묻던 중 A가 나노기술 관련 사업을 시작했다고 한다. 이때 실직한 B가 취미독서만 해서 나노에 대해 전혀 모른다면 더는 대화가 안 되므로 그냥 헤어질 것이다. 하지만 B가 기획독서로 한 번이라도 나노에 대해 읽었다면 서로 대화를 나누다 동업으로 발전할지도 모른다. 이게 바로 취미독서와 기획독서의 차이다. 기획독서는 기회를 잡을 수 있는 열쇠와도 같다. 나비효과가 일어나기 때문이다.

독서는 '씹어 먹기'다

영국 철학자 베이컨은 "어떤 책은 맛보고, 어떤 책은 삼키고, 어떤 책은 씹어서 소화해야 한다"라고 했다. 최재천 고수도 전적으로 동의한다. 그의 독서는 '씹어 먹기'다. 책은 천천히, 느리게, 맛보며 씹어야 제맛이라고 말한다. 말 그대로 음미하는 책 읽기다.

그는 책을 읽을 때 정독 수준을 넘어 소리 내 읽는다. 아예 성우처럼 읽기도 한다. 그러다 보니 읽는 데 시간이 오래 걸린다. 특히 대화체가 많은 책은 시간이 더 걸린다. 연기까지 하면서 읽으니 말이다. 아내와 함께 책을 읽을 때면 아내가 "아직도 읽어요?"라고 타박한다. 그래도 그는 빠른 건 싫다고 한다. 느리게 천천히 거북이처럼 분명하게 읽는 게 좋다는 것이다. 그냥 눈으로 읽는 것보다 소리 내 천천히 읽는 게 기억에 오래 남기 때문이다.

그에게는 완전하게 사유하지 않는 독서는 독서가 아니다. 그것은 그저 글자 읽기에 지나지 않기 때문이다. 독서는 책을 읽고 사유해야 하며 그 알맹이를 내 것으로 만들어야 한다. 그리고 책이 내 피와 살이 될 수 있게 씹어 먹어야 제대로 된 독서다.

그는 이처럼 천천히 읽기 때문에 책을 많이 읽지 못한다. 그러나 그는 읽는 속도가 느리지만, 소리 내 정독하므로 기억을 잘하는 편이다. 그는 1년에 자기 분야에 대한 책만 몇백 권씩 쏟아져 나오는데, 그걸 다 읽지 못한다. 그런데도 동료 학자들과 얘기하다 보면 내용을 대충 알수 있다고 한다. 그것이 가능한 이유는 중요한 책은 반드시 짚고 갈 뿐아니라 읽은 책은 거의 내용을 기억하기 때문이다. 그는 많이 읽는 게 중요한 게 아니라 어떤 책을 어떻게 읽고 소화하느냐가 중요하다고 강조한다.

나는 책벌(册閥)이다

최재천 고수는 자신을 책벌이라고 한다. 학벌이나 재벌이라고 하면듣기에 거북하다. 하지만 책 많이 읽고, 책 많이 쓰고, 책 많이 가진 사람이라는 뜻의 책벌은 아무도 싫어하거나 미워하지 않을 것이다. 그래서 그는 책벌이라고 떠벌리고 다닌다. 책 읽기를 즐기며, 책 쓰기를 게을리하지 않고, 책 모으기에 열심인 사람을 누가 비난하겠는가.

그가 책벌이라는 소문이 나자 온갖 신문과 잡지사에서 그에게 서평을 써달라고 요청한다. 그래서 그는 오랫동안 주요 일간지 칼럼 코너인 〈최재천의 책꽂이〉, 〈최재천의 책 베개〉 등에 개인 서평을 정기적으로 기고해 왔다. 또 책벌이라는 별칭 때문에 책에 대한 추천 글을 써달라는 호사도 따른다. 그래서 그는 서평과 추천 글을 쓰느라 행복한 책 읽기에 빠지기도 한다. 그러면서 일본 작가 다치바나 다카시의 《나는 이런 책을 읽어왔다》라는 책을 만났다. 그 책을 읽고 최재천 고수도 이런 책을 한 권 쓰리라 다짐했다. 그래서 나온 책이 《과학자의 서재》이고, 이어서 《통섭의 식탁》이 나왔다.

글쓰기, 세상 모든 것을 결정짓는다

최재천 고수는 글 잘 쓰는 과학자로 정평이 났다. 그가 쓴 책이나 칼럼이 이를 대변한다. 청소년들에게는 최재천 고수가 과학자라기보다 오히려 작가로 더 잘 알려져 있다. 중·고등학교 국어 교과서에 최재천 고수가 쓴 〈개구리와 말한다〉와 〈황소개구리와 우리말〉이 실렸기 때문이다. 이런 글솜씨로 그는 과학을 대중에게 알리는 전도사 역할을 톡톡히 하고 있다.

글쟁이 최재천 고수는 글쓰기에 대한 확고한 소신이 있다. 세상에서 제일 중요한 게 읽기고 그 다음이 쓰기라고 한다. 모든 일의 끝은 글쓰기로 판가름 난다는 것이다.

이런 소신과 글쓰기 사랑이 그를 칼럼니스트, 베스트셀러 작가, 글 잘 쓰는 과학자로 만들었다. 그가 글을 잘 쓰게 된 비결이 궁금해진다. 최재천 고수의 글쓰기 비결은 두 가지다. 먼저 그는 어릴 때 시인이 꿈이었기에 문학책을 많이 읽었다. 이게 문학적이고 감성적인 글을 쓰는 데 영향을 미쳤다. 또 미국 유학 중 영어식 글쓰기 훈련을 받은 것이 과학적이고 논리적인 글쓰기에 영향을 미쳤다. 이 둘이 조화를 이루어 그는 과학자임에도 쉽고 맛깔나게 글을 잘 쓴다. 대체 미국에서 그에게 무슨 일이 있었던 걸까?

마음에 들어? 그럼 그렇게 써봐!

미국 교육은 우리와 방식이 다르다. 어느 과목이건 논문 형식의 리포트를 제출해야 한다. 유학 시절 그는 우리말도 아닌 영어로 리포트를 쓴다는 게 쉽지 않았다. 그래서 단짝 미국 친구가 항상 그의 글을 고쳐주었다. 어느 날 친구에게 리포트를 보여줬더니, 친구는 제일 뒷장을 뜯어 첫 페이지로 옮겨서는 집게로 콱 집어서 돌려줬다. 그러면서 친구는 "넌 이제 문장은 잘 써. 고칠 게 별로 없어. 그런데 그렇게 얘기해도 안 고치는 게 하나 있어. 왜 결론부터 쓰라는데 매번 결론을 맨 뒤에 두는 거야?"라고 했다. 문학적 글쓰기에 익숙해 있어서 미국식 글쓰기로 좀처럼 바뀌지 않았다.

또 그의 글쓰기 능력을 키워준 사람이 있다. 펜실베이니아 주립대학 로버트 위버 교수다. 위버 교수는 '테크니컬 라이팅(기술적 글쓰기)'을 강의하고 있었다. 위버 교수의 강의는 대학원생이나 논문을 써야 할 유학생들이 주로 들었다. 최재천 고수도 수강 신청을 했다. 위버 교수의 강의 방식이 독특했다. 수강생이 써온 글을 손에 잡히는 대로 몇 편 골라 수강생들에게 복사해 주고 그걸 교재로 삼았다. 선택된 수강생은 망신 당할 각오를 해야 했다. 글을 조목조목 비판하는 것으로 강의가 진행됐다. 그런데 어느 날 강의가 끝나고 위버 교수가 최재천 고수를 불렀다. 그러고는 대뜸 "자네, 혹시 시인이 되려고 하지 않았나?"라고 했다. 최재천 고수는 깜짝 놀라 "어떻게 아십니까?"라고 엉겁결에 말했다. 그랬더니 "시인처럼 쓰려고 애를 쓰는 게 보이거든"이라고 했다. 그러면서 교수는 최재천 고수에게 따로 수업하자고 했다.

수업은 이렇게 이뤄졌다. 위버 교수는 최재천 고수가 찾아가면 창가 긴 소파에 앉아 무엇을 써왔느냐고 물었다. 최재천 고수가 한 문장을 읽고 나면 마음에 드느냐고 물었고, 마음에 들지 않는다고 하면, 어떻게 쓰고 싶으냐고 물었다. 최재천 고수가 '이렇게 저렇게' 쓰고 싶었다고 하면 교수님은 "그래, 그러면 그렇게 써"라고 했다.

최재천 고수는 바로 그 자리에서 수정을 하고, 또 위버 교수가 질문하는 과정을 반복했다. 그러면 비로소 마음에 드는 글이 나왔다고 한다.

위버 교수와의 글쓰기 훈련을 통해 그는 글 쓰는 비법을 확실히 터득했다. 이런 인연으로 나중에 그가 하버드대에 갈 때 위버 교수가 추천서를 써주었다. 이 에피소드도 재미있다. 위버 교수가 추천서가 다 되었다며 최재천 고수를 불렀다. 교수를 찾아갔더니, 그에게 글을 가르칠 때 교수가 눕던 소파에 누우라고 했다. 옛날 교수와 학생 역할을 바꾸는 것이었다. 그가 소파에 가서 비스듬히 누웠더니 교수님은 추천서를 읽어볼 테니 잘 들어보라고 했다. 교수님이 한 문장을 읽고 그를 쳐다봤다. 최재천 고수가 "마음에 드세요?"라고 물으면 교수님은 "사실 이걸 이렇게 쓰려고 했는데……"라고 했다. 최재천 고수는 "그럼 그렇게 쓰세요!"라고 답했다. 이렇게 추천서를 완성했다.

글쓰기, 일단 쏟아내고 수십 번 고쳐라

이왕 여기까지 왔으니 이쯤에서 최재천 고수의 글쓰기 비법을 배워보자. 그의 글쓰기 비법은 세 가지로 일단 쏟아내기, 미리 쓰기, 고쳐쓰기다. 좀 더 자세히 알아보자.

첫째, 일단 쏟아내기다. 그는 일단 쓰고 본다. '좋은 논문은 끝낸 논문이다'라고 했듯이 글은 일단 쏟아내 초벌 글을 완성해야 한다. 쓰지 않고 머릿속에서 백날 굴려봐야 소용없다. 일단 써놓고 고치는 게 훨씬 유리하다.

둘째, 미리 쓰기다. 마감 시간을 맞추려면 미리 써야 한다. 그래야 여유를 갖고 쓸 수 있을 뿐 아니라 고칠 시간도 번다. 최재천 고수는 모든 일을 미리 한다. 이는 하버드대에서 기숙사 사감을 7년 동안 하면서 미국 학생들에게서 배운 것이다. 매우 바쁜 미국 학생들은 다음 주 일을 미리 해놓고 살았다. 그는 그때 알았다. 미리 일하면 편하고 일의 질도 좋아진다는 것을. 글도 마찬가지다. 마감 시간에 쫓겨 급하게 쓰면 좋은 글이 나오지 않는다.

셋째, 고쳐 쓰기다. 그는 글을 무척 많이 고친다. 그의 표현을 빌리자면 '별짓 다 한다'고 한다. 글이 밋밋하다 싶으면 문단을 확 바꾸거나 문장의 순서도 바꾼다. 쓴 글을 소리 내 읽어보고 술술 읽히지 않고 조금이라도 막히면 무조건 고친다. 이런 퇴고 과정은 수십 번에 이른다. 치열하게 고치고 또 고친다.

최재천 고수는 글쓰기를 좋아한다. 아니 사랑한다. 그가 저녁마다 컴퓨터 앞에 앉아 글을 쓰고 있으면 아내가 '어휴, 전생에 책 못 써서 죽은 귀신이 있지?'라고 말한다. 그는 글 쓰는 게 전혀 괴롭지 않고 좋다고 한다. 그는 국어 교과서에 자기 글이 실린다는 연락이 왔을 때는 노벨상을 타는 것보다 기뻐서 2~3일 동안 잠이 안 오더라고 했다.

또 그는 글이 아들보다 소중하다고 할 정도다. 그는 그 이유를 "글은 내가 죽고 나서도 내 이름을 달고 돌아다닌다. 그래서 아들보다 더 소중하게 노력해서 세상에 내놓으려고 한다"라고 했다. 그렇게 글을 좋아하고 소중하게 여기니 지금까지 직접 쓰거나 번역한 책, 그리고 편저·공저 등을 합쳐서 70권이 넘을 수밖에 없다.

최재천 고수의 서재는 모두의 숲이다

최재천 고수의 서재는 그만의 공간이 아니라 모두가 공유하는 공간이다. 그의 서재는 모두가 함께 나누고 세상을 탐구할 수 있는 창조의 공간이며 사유의 숲이다. 이런 서재는 두 곳이다. 하나는 이화여대 종합과학관에 있는 연구실이고 또 하나는 그의 집 거실이다.

연구실 서재에는 4000여 권의 책이 있다. 그는 이곳을 '통섭원'이라 부른다. 이곳은 세상과 소통하는 곳이요, 제자와 소통하는 장이다. 또한, 자연과학과 인문학이 벽을 깨고 통섭되기를 바라는 공간이다. 그리고 학자들과 진리를 탐하고 서로의 학문에 빠져들기를 바라는 소망의 공간이다. 이곳은 생물학자의 서재일까 싶을 정도로 다양한 분야의 책이 소장돼 있다. 문학, 철학, 역사부터 경영과 관련된 책까지 있다. 그는 그가 연구하는 분야에 관해서 만큼은 한국의 어느 도서관도 이렇게 많은 책을 갖고 있지 못할 것이라고 한다. 그는 통섭원이 후학들에게 도서관의 역할을 하길 바란다.

그의 서재는 열린 공간이다. 학생들도 자유롭게 책을 빌려 갈 수 있다. 실제로 책장 곳곳에 책을 빌려 간 학생들의 포스트잇 메모가 붙어 있다. 저렇게 하면 관리가 힘들 것 같다는 생각이 들지만, 그는 개의치 않는다. 한 매체와의 인터뷰에서 그는 "책 빌릴 때 기한을 쓰기로 했는데 언제부턴가 다 무너졌다. 영원히 빌려 가도 할 말이 없는 거다"라고 하면서 책 도둑은 용서가 되지 않느냐고 했다.

집에 있는 서재에도 2000여 권의 책이 있다. 아예 거실을 서재로 꾸몄다. TV도 치우고 4면을 책장으로 채웠다. 바닥부터 천장까지 책으로 빼곡한 이곳 역시 과학자의 서재라고는 상상하기 힘들 만큼 인문학과 예술 분야 책들로 가득하다. 게다가 집 안의 다른 곳도 책장으로 만들었다. 허리 높이의 책장을 집 안 구석구석에 둘러놓았다. 복도건 화장실 옆이건 어디든지 걸어 다니다가 손만 뻗으면 책이 잡힐 수 있도록 실내 장식을 했다.

최재천 고수가 추천하는 책

《사회생물학》, 에드워드 윌슨, 민음사(현재 절판)

이 책의 중심 키워드는 이타주의다. 인간을 포함한 동물은 왜 이타적인 행동을 할까? 이런 질문에 대한 답을 주는 책이다. 최재천 고수가 어린 시절부터 가지고 있던 삶에 대한 질문들이 이 책을 읽으면서 하나씩 정리되었다. 그는 미국으로 유학 간 첫해 이 책을 만나 밤새도록 읽은 기억이 난다고 했다.

《이기적 유전자》, 리차드 도킨스, 을유문화사

많은 사람이 이 책을 읽고 회의주의에 빠진다. 인간의 삶은 DNA라는 화학 물질이 이어가는 진화의 역사 속 한 부분이라는 내용 때문이다. 하지만 조금 더 읽어보면 자신이 삶의 주인이라는 집착에서 과학적으로 벗어날 수 있다. 실제로 이 책은 최재천 고수의 세계관을 바꿔준 책이고, 그의 학문에서 가장 중심에 있는 책이라 해도 과언이 아니다.

《통섭》, 에드워드 윌슨, 사이언스북스

학계에서나 기업에서 화두로 삼고 있는 통섭에 관한 책이다. 통섭은 서로 다른 지식의 경계를 무조건 무너뜨리고 섞고 융합시키는 것을 목적으로 하지 않는다. 서로 다른 것이 서로를 알아가는 과정을 통해 새로운 것을 만들어 가자는 이야기다. 이 책은 최재천 고수에게 온갖 분야의 사람들과 이야기할 수 있는 통섭의 길을 열어주었다.

정치인 안철수
우리는 우리가 읽는 것으로 만들어진다

"사람들은 자기가 이미 경험한 것만큼 책을 통해 이해할 수 있기에
다양한 분야의 책을 읽는 것이 중요하다."
– 안철수 –

우리 시대의 리더였던 안철수 대표

안철수 국민의당 대표에겐 따라붙는 애칭이 많다. 사람들은 그를 백신의 아버지, 한국의 빌 게이츠, 존경받는 교육자, 국민 멘토라 불렀다. 그는 이력도 화려하다. 안 대표는 서울대 의대 출신 의사, 국내 최초 컴퓨터 바이러스 백신 개발자, IT기업 CEO, 카이스트 석좌교수, 서울대 융합과학기술대학원장, 국민의당 대표, 제19·20대 국회의원, 제19대 대선 후보 등을 지냈다. 이렇게 그는 의사, 프로그래머, 사업가, 교육자, 정치인으로 변신을 거듭했다. 그러면서 동탑산업훈장, 산업포장, 윤리경영대상 등을 수상했고, 〈비즈니스위크〉가 뽑은 '아시아의 스타 25인', 세계경제포럼이 뽑은 '차세대 아시아의 리더 한국 대표 18인'에 선정되기도 했다. 그는 이 시대의 독서 고수다.

어린 시절 호기심이 많아 메추리알을 품다

안철수 고수는 어릴 적부터 호기심이 많아 동·식물을 기르고 기계를 분해하는 것을 좋아했다. 그래서 재미있는 일화가 많다. 유치원에 다닐 때 얘기다. 어느 날 저녁 반찬으로 메추리알 요리가 나왔다. 안철수는 메추리알을 먹다가 새가 알을 품으면 새끼를 깐다는 말을 들은 것이 생각났다. 안철수는 어머니께 메추리알도 품으면 새끼가 나오는지 물었다. 어머니는 그렇다고 했다. 이 말을 들은 안철수는 부엌에서 메추리알을 몰래 훔쳐 가슴에 품고 잤다. 아침에 메추리가 태어나길 바라면서. 그런데 아침에 깨어보니 메추리알이 모두 깨져 엉망이 되어 있었다.

초등학생 때 일화도 있다. 안철수는 길거리에서 파는 병아리를 사다 키우곤 했다. 그런 병아리는 쉽게 병들어 죽는 게 보통인데, 안철수는 정성을 다해 어미 닭으로 키워냈다. 그러자 같은 반 친구들이 자기 병아리가 병들면 안철수를 찾았다. 친구들 사이에선 안철수가 병아리 키우는 전문가로 통했다. 그런데 어느 날 저녁 밥상에 백숙이 올라왔다. 안철수는 맛있게 먹고 난 뒤, 뭔가 이상한 느낌이 들었다. 즉시 밖으로 뛰어나가 키우던 닭을 찾았으나 보이지 않았다. 아니나 다를까 저녁으로 먹은 백숙은 안철수가 키우던 닭을 잡아 요리한 것이었다. 안철수는 큰 충격을 받고 하염없이 눈물을 흘렸다. 그 뒤로 안철수는 병아리 대신 토끼를 길렀다. 닭처럼 토끼가 식탁에 오르는 일은 없으리라 생각했기 때문이었다.

다음은 중학생 때 일화다. 안철수는 뭐든지 분해하길 좋아했다. 그는 쓸 만한 게 보이면 분해하지 않고는 못 견뎠다. 안철수는 뭔가 분해할 게 없으면 서랍을 뒤져서라도 찾아냈다. 그러니 안철수가 친척 집에 가면 비상이 걸릴 수밖에 없었다. 분해할 만한 것은 모조리 감춰야 했기 때문이다. 어느 날 친척 집에 갔을 때다. 안철수가 분해할 게 없나 하고 찾는데 벽에 걸린 괘종시계가 보였다. 안철수는 기회를 노리다가 어른들이 이야기꽃을 피우는 사이 몰래 가져다 분해했다. 그런데 분해는 했으나 조립을 하지 못해 시계가 못 쓰게 됐다. 이를 본 어른들이 "철수가 결국 일을 내고 말았구나!"라고 한마디씩 했다. 기계를 만지는 열정은 식을 줄 몰라 안철수는 의대 본과 2학년 때까지 비행기나 오토바이 모형을 조립했다.

학창 시절 공부는 안 했지만, 활자 중독자처럼 읽기를 좋아했다

사람들은 안철수 고수를 천재라고 했다. 하지만 그는 자신이 결코 천재가 아니라고 한다. 어릴 때 내성적이었고, 공부나 운동 어느 것 하나 잘하는 게 없어서 서글펐다고 한다. 실제로 그는 어릴 적 수줍음을 많이 탔다. 아이들과 어울리는 걸 싫어해 항상 혼자 있었다. 사람들 앞에서는 말도 제대로 못 했다. 심지어 학교에서 온종일 말 한마디 않고 집에 올 때도 있었다. 길에서도 다른 사람과 눈을 마주치기 싫어 땅만 보고 걸었다. 체육 시간이면 운동도 못하고 싫어해 운동장 한쪽 구석에 혼자 앉아 있었다.

안철수가 잘하는 건 책 읽기였다. 병적일 정도로 책을 좋아했다. 책을 손에서 놓지 않았다. 심지어 걸어 다니면서도 읽었다. 집에서 학교까지 30분 거리를 책을 읽기 위해 버스를 타지 않고 걸어 다녔다. 걸으면서 책을 읽어도 신기하게 한 번도 전봇대에 부딪힌 적이 없었다. 방학 때면 아예 방에 틀어박혀 책만 읽었다. 부모님이 안철수가 책을 좋아하는 것을 알고 방학 때마다 전집을 사 주었다. 안철수는 아버지가 어린이용 세계문학전집과 과학전집을 사 오면 바로 포장을 뜯어 상자 위에 걸터앉아 읽을 정도였다. 안철수는 수십 권이나 되는 전집을 방학 동안 밤을 새워가며 다 읽었다.

안철수 고수는 MBC가 방영한 '무릎팍도사'에 출연해 당시를 이렇게 회상했다. "그때 난 약간 병적으로 읽기를 좋아했다. 뭐든지 읽었다. 심지어 종이가 바닥에 떨어져 있으면 꼭 주워서 글자를 읽어야 직성이 풀렸다. 책 읽을 때도 내용만 읽으면 뭔가 부족한 것 같아 페이지 수와 저자, 발행일까지 읽어야 책을 다 읽었다는 기분이 들었다"라고 했다. 그러면서 그때 활자 중독증에 걸린 것 같았다고 했다. 그리고 그는 그때 좋아했던 것은 과학책이나 소설책이었고, 교과서는 별로 좋아하지 않았다고 말했다. 당시 안철수의 학업 성적이 반에서 60명 중 30등 정도인 것이 그래서인지도 모른다.

안철수 고수가 초등학교 때 학교 도서관의 책을 다 읽은 일화는 유명하다. 안철수는 틈만 나면 도서관에서 책을 읽었다. 그것도 모자라 집에 올 때는 꼭 책을 빌려왔다. 안철수는 매일 책을 빌렸고, 빌린 책이 몇 권이든 그날 다 읽고 다음 날 반납했다. 이를 지켜본 사서 선생님은 안철수가 장난치는 것으로 오해했다. 사서 선생님은 안철수가 책은 읽지 않고 대출 카드에 이름만 적는 줄 알고 책을 빌려주지 않았다. 안철수가 책을 다 읽었다고 하자 사서 선생님은 책 내용을 말해보라고 시켰다. 안철수가 책 내용을 말하자 그제야 사서 선생님이 인정하고 계속 책을 빌려주었다고 한다. 안철수는 6학년쯤에는 도서관에 있는 책을 거의 읽게 되었다.

안철수는 중·고등학교 시절에 본격적인 독서를 시작했다. 주로 문학책을 읽었다. 그때 웬만한 한국 소설은 거의 읽었다. 처음에는 단편을 읽다가 점차 장편을 읽었다. 안철수는 세계문학보다 한국 문학을 더 좋아했다. 하지만 도스토예프스키나 톨스토이 등 외국 고전도 많이 읽었다. 특히 안철수는 당시 인기가 있던 '삼중당(三中堂) 문고' 400권을 모두 읽었다. 안철수는 이 문고를 아주 좋아했는데, 문학, 예술, 철학, 역사 등 동서고금의 고전을 다루었기 때문에 내용도 방대했다. 또 값도 싸고 크기가 작아 손에 쏙 들어오므로 들고 다니며 읽기가 편했다. 안철수는 문고를 손에서 놓지 않았고, 책 표지가 너덜너덜해질 정도로 읽었다. 심지어 수업 시간에도 교과서 밑에 감춰놓고 들킬까 봐 마음을 졸이며 읽었다. 그는 "이렇게 읽을 때가 짜릿한 긴장감 때문에 책 읽는 재미가 더 있었다"라고 고백했다.

안철수 고수는 소설 읽기를 인생 공부로 여겼다. 그는 어릴 적 사람 만나는 것을 싫어해 친구도 없는 외톨이어서 소통 능력과 사회성이 부족할 수도 있었다. 그러나 안철수는 소설을 읽으며 그것을 극복했다. 즉, 소설 속의 주인공들을 통해 사람에 대한 이해의 폭을 넓힐 수 있었고, 배려심도 키울 수 있었다. 안철수는 소설을 읽으면서 등장인물의 심리를 파악하려고 애썼다. 소설 속 주인공들이 펼치는 다양한 삶의 모습을 간접 경험을 통해 배우고자 했다.

과학자가 꿈이었지만 아버지의 바람대로 의대를 선택하다

안철수 고수의 어릴 적 꿈은 과학자였다. 좋아하는 것도 동물을 키우고 기계를 만지는 것이었고, 좋아하는 책도 《발명왕 에디슨》 같은 과학책과 과학 만화였다. 안철수는 자라면서 꿈을 좀 더 구체화해 기계를 만지는 공학도가 되고 싶어했다. 그는 뭐든지 만드는 것을 좋아했고 소질도 있었다. 중학생 때 그는 〈학생과학〉 잡지 애독자였다. 그 잡지에는 '나의 공작실'이란 코너가 있었는데, 매달 독자들의 설계도를 공모했다. 안철수는 거기에 응모해 최우수상을 받았다. 그러니 안철수는 누가 물으면 거침없이 공학도가 될 거라고 했다.

하지만 의사였던 아버지는 장남인 안철수가 의사가 되길 바랐다. 아버지가 내색하지 않았지만, 안철수는 아버지의 마음을 알아챌 수 있었다. 그는 고민에 빠졌다. 의사가 적성에 맞지 않았기 때문이다. 그는 아무리 생각해도 자신의 길은 전자공학이나 수학 쪽이라고 생각했다. 하지만 안철수는 아버지의 뜻을 거스를 수 없었다. 안철수는 아버지에 대한 효심과 자신의 적성 사이에서 갈등했다. 그는 고2에 올라갈 무렵 의대에 가기로 했다. 피를 끔찍이 싫어해 적성에는 맞지 않았지만, 아버지가 좋아할 거라는 이유만으로 그런 결정을 한 것이었다. 안철수가 의대에 가겠다고 했더니 아버지는 말없이 빙그레 웃기만 했다. 그렇게 결정하고 안철수는 열심히 공부한 결과 고2부터 서서히 성적이 상위권으로 올라, 고3이 되자 반에서 1등, 전교 2등을 했다. 안철수는 이왕이면 아버지의 후배가 되고 싶었다. 그래서 안철수는 아버지가 나온 서울대 의대를 가게 된 것이다.

"어머니, 공부가 너무 힘듭니다"

안철수의 의대 입학 성적은 그리 좋지 않았다. 그러나 안철수는 고등학교에서 그랬듯이 시간이 갈수록 성적이 점점 올랐다. 안철수는 졸업 성적이 상위권에 들었다. 그의 집중력 덕분이었다. 안철수는 어떤 일에 한 번 집중하면 다른 것을 다 잊어버릴 정도로 몰입한다. 그는 공부할 때는 바로 옆에서 천둥이 쳐도 안 들릴 정도로 공부에 몰두한다.

하지만 안철수에게도 죽도록 공부가 싫을 때가 있었다. 그는 그때 심각하게 휴학을 고민하기까지 했다. 안철수는 그때가 인생에서 가장 어려운 시기였던 것 같다고 했다. 왜 그랬을까? 바로 시험과 성적 스트레스 때문이었다. 의대는 공부량이 엄청날 뿐 아니라 수시로 시험을 치른다. 또 그 성적은 의대생에게는 평생 지고 다닐 멍에가 된다. 예컨대 성적이 좋지 않으면 자기가 원하는 진료 과목의 전문의가 되지 못할 수도 있다. 레지던트 시험에 의대 졸업 성적이 반영되기 때문이다. 그러니 의대생에게는 성적이 스트레스일 수밖에 없다. 그래서 종종 엄청난 공부량과 시험 중압감을 이기지 못하고 중도 탈락하는 학생도 생긴다. 안철수에게도 그런 위기가 찾아온 것이다.

안철수는 의대에 입학해 처음 1년 동안 비인간적인 생활이라고까지 할 정도로 모든 시간을 공부에만 바쳤다. 그러면서도 그는 잘 참아냈다. 성적도 꽤 좋았다. 그리고 그는 겨울 방학을 맞았다. 공부 지옥에서 벗어난 안철수는 부산 집에 내려가 실컷 놀았다. 그러다가 그는 공부 걱정 때문에 방학이 끝나기 일주일 전에 서울로 올라왔다. 그런데 여기서부터 문제가 생겼다. 하숙방에 들어서는 순간 그에게 두려움이 엄습해 왔다. 또다시 공부하느라 비인간적인 생활을 해야 한다는 두려움이었다. 안철수는 공부가 지긋지긋하게 느껴졌다. 그는 어머니에게 전화해 '공부가 너무 힘들다'며 울기까지 했다. 어머니는 그 말을 듣고 서울로 올라가 부산으로 아들을 데리고 왔다.

아버지도 안철수의 상태가 심상치 않음을 직감하고 아는 정신과 의사에게 안철수를 보내 상담을 받게 했다. 안철수는 의사에게 의대 공부가 힘들다는 것을 토로했다. 의사는 안철수에게 친구도 사귀고, 동아리 활동도 하라고 조언했다. 하지만 조언대로 하면 성적이 떨어질 게 뻔했다. 모든 문제는 안철수 스스로 해결해야만 했다. 그는 며칠 부산에 머물다 다시 서울로 올라왔다. 안철수는 "인생의 어느 순간에는 부모님도 나에게 도움을 줄 수 없다. 이제부터 내 문제는 스스로 해결할 수밖에 없다. 내 일은 아무도 대신해 줄 수 없다"라는 생각으로 마음을 다잡고 다시 공부에 몰두했다.

미지의 세계로 들어갈 땐 항상 책을 통해 그 세계를 간접 경험하다

안철수 고수는 미지의 세계로 들어갈 때는 항상 책을 통해 먼저 그 세계를 간접 경험한다는 원칙을 갖고 있다. 무슨 일을 하든지 새로운 것을 시작할 때는 먼저 책을 통해 이론부터 숙달한다는 것이다. 그래야만 기초를 튼튼히 다질 수 있기 때문이다. 그는 바둑과 컴퓨터를 배울 때도 이 원칙을 따랐다.

안철수는 의대 공부의 중압감을 덜려고 취미 활동을 시작했다. 그래서 의대 예과 2학년 때 바둑을 시작했다. 바둑을 선택한 이유는 정신 수양에 도움이 되기 때문이었다. 그런데 그가 바둑을 배운 방법이 남다르다. 그는 바로 기원을 찾은 게 아니라 바둑책 50권을 독파했다. 실기에 앞서 이론부터 섭렵한 것이다.

안철수가 책부터 읽은 데는 나름 이유가 있다. '인류가 쌓아놓은 세상의 모든 지혜는 책 속에 있다'라고 믿기 때문이다. 즉, 책이 스승이요, 책에 모든 가르침이 있다는 것이다. 하지만 이런 방식은 처음에는 시간이 오래 걸릴지 모른다. 기초 이론을 튼튼히 한 다음에야 실전에 들어가기 때문이다. 그러나 기초가 다져졌기 때문에 결국은 남보다 앞설 수 있다.

안철수는 50권의 책을 읽고 실전에 임했는데 처음에는 초보자에게도 판판이 형편없이 깨졌다. 그러나 판을 거듭할수록 책으로 습득한 기본기가 제 기능을 발휘했다. 실전에 기본기가 응용되자 실력이 일취월장한 것이다. 그는 책 읽은 기간을 포함해 바둑을 배우기 시작한 지 1년 만에 아마추어 2단 정도 실력자가 되었다. 이는 경이적인 기록이다. 그는 당시 서울대 기숙사 바둑대회에서 우승까지 했다. 그는 그때 부상으로 받은 빛바랜 바둑판을 아직도 간직하고 있다.

컴퓨터를 배울 때도 마찬가지였다. 그는 1982년 가을 고대 의대에 다니는 친구 집에서 컴퓨터를 처음 봤다. 안철수는 그 친구와 함께 하숙했는데, 친구 부모님이 그 친구에게 학교 주변에 집을 마련해주었다. 그 친구가 이사하면서 안철수도 함께 가자고 권했다. 그렇게 거처를 옮긴 친구 방에 이상한 물건이 있었다. 그게 바로 친구 아버지가 미국에서 사다 준 애플사에서 갓 나온 컴퓨터였다. 난생처음 컴퓨터라는 것을 본 것이다. 친구가 안철수에게 같이 배우자고 했다. 그런데 안철수는 컴퓨터를 만지는 게 아니라 책부터 샀다. 그는 책을 읽고 모조리 외운 다음 잠깐 친구 컴퓨터를 만졌다. 그리고 안철수는 이듬해 자신의 컴퓨터를 사서 본격적으로 다루기 시작했다. 안철수는 컴퓨터를 배우면서 누구에게 배우거나 물어본 적이 없다. 그는 스스로 책을 통해 원리를 깨우치고 작동법을 터득했다.

우리는 우리가 읽는 것으로 만들어진다

독일의 대문호 마틴 발저는 "우리는 우리가 읽는 것으로 만들어진다" 라고 했다. 안철수는 이 말을 믿는다. 이 말대로 안철수 고수를 만든 건 그가 읽은 책이기 때문이다. 안철수 고수의 80퍼센트는 독서로 만들어 졌다. "인생의 넓이와 깊이는 읽은 책의 넓이와 깊이에 비례한다"는 말 도 있다.

이처럼 우리가 무엇이 되고, 어떤 것을 이루는 데 가장 유익한 것이 책이다. 왜 그럴까? 책은 우리 인생의 좋은 스승이기 때문이다. "사람 은 책을 만들고, 책은 사람을 만든다"라는 신용호 회장의 말이 있다. 또 작가 센다 타쿠야는 "책을 통해 배울 수 없다면 아무것도 배울 수 없다" 라고 했다. 우리는 책을 읽으며 배우고, 배운 것으로 만들어진다. 그런 점에서 안철수 고수는 책이 인생의 가장 훌륭한 스승이라고 확신한다.

두 가지 이유에서다. 첫 번째 이유는 책을 읽으면 자기가 이미 알고 있던 것을 다시 한 번 깨달아 사고가 확장되기 때문이다. 책을 읽으면 서 이미 알고 있던 것이 책의 내용과 연계돼 사고의 폭을 넓혀준다. 두 번째 이유는 책을 읽으면 자신이 모르는 것이 있다는 사실을 깨닫기 때 문이다. 즉, 자신의 부족함을 깨닫는 것이다. 책을 읽으면서 잘 이해되 지 않는 부분이나 새로운 미지의 세계를 발견하면 자신의 부족한 부분 을 깨달아 발전의 계기로 삼을 수 있다.

미국의 작가이자 독서가인 클리프턴 패디먼은 "독서는 약 처방처럼 당장 효과가 나는 행복을 보장해 주지는 않는다. 그러나 한 권 한 권 읽어가는 동안 내가 무엇을 알고 무엇을 모르고 있다는 것을 스스로 깨닫게 하는 데 도움이 된다"라고 했다. 그래서 독서는 독자에게 스승 역할을 한다. 독서는 이미 알고 있는 것을 다시 깨닫게 해 사고를 확장하고, 모른다는 것을 일깨워 배우게 하는 스승이다.

안철수 고수의 독서 습관

안철수 고수의 독서 습관은 정독주의, 사색독서, 메모독서, 대화독서, 틈새독서로 요약된다. 그의 독서 습관을 살펴보자. 첫째는 정독주의다. 안철수 고수의 정독 습관은 어릴 적부터 몸에 밴 것이다. 그는 책은 천천히 음미하면서 읽어야 한다는 원칙을 갖고 있다. 그는 "책을 읽고 해치운다는 마음가짐이 아니라 책에서 얼마나 많은 것을 얻을 수 있는지에 중점을 두고 정독해야 한다"라고 강조한다. 책을 설렁설렁 읽지 말고 꼼꼼히 읽어 책에서 많은 것을 건져내야 한다는 얘기다. 안철수의 정독은 조금 심할 정도다. 《행복 바이러스 안철수》에서 그가 밝힌 바에 따르면 출판사 이름과 주소, 발행인과 날짜, 정가까지 모두 확인해야 책을 내려놓는다고 한다.

안철수 고수는 정말 활자 중독증에 걸렸다고 의심할 정도로 책을 꼼꼼하게 읽는다. '세 살 버릇 여든까지 간다'는 말과 같이 어릴 적 꼼꼼히 읽는 버릇이 그를 정독주의자로 만들었다. 물론 그가 지금도 페이지 숫자까지 읽는 건 아닐 테다. 아무튼, 그는 한 권을 읽더라도 천천히 생각하면서 읽는다.

둘째는 사색독서다. 안철수 고수는 책을 읽을 때 생각을 많이 한다. 그는 독서는 사색하려고 하는 것이라고 강조한다. 그는 〈디지털타임스〉와의 인터뷰에서 "책은 많이 읽는 게 중요한 것이 아니다. 한 권의 책이라도 거기서 얼마나 많은 것을 얻을 수 있느냐가 중요하다. 사실 독서에서 글을 읽는 것만큼 중요한 것은 사색이다. 책에 나온 내용을 자신의 경험이나 현재 상황에 대입해 생각해 보고, 다른 책과도 비교해 보거나 연관 지어서 생각해 보고, 자기 나름대로 해석하는 과정은 책 내용을 내 것으로 만들고 사고의 폭을 넓히는 방법이다"라고 했다.

이처럼 그는 독서의 가장 큰 이점(利點)이 사고의 확장이라는 것을 잘 알고 있다. 그는 책 읽는 속도보다 책을 통해 무엇을 생각하느냐가 중요하다고 말한다. 독서에서 사색이 빠지면 책의 내용을 내 것으로 만들지 못할 뿐 아니라 사고의 폭도 넓힐 수 없다. 영국 시인 조슈아 실베스터는 "독서만 하고 사고가 없는 사람은 그저 먹기만 하려는 대식가와 같다. 그것은 영양가가 높은 좋은 음식도 위액을 통해 소화하지 않고서는 이로움이 없는 것과 같다"라고 했다. 좋은 책을 읽고도 사고하지 않으면 효과가 없다는 것이다. 그래서 안철수 고수는 사색독서를 한다.

셋째는 메모독서다. 안철수 고수는 책을 읽으면서 떠오른 생각을 반드시 메모한다. 그가 어떻게 책을 읽는지 살펴보자. 김상훈 작가는 그의 저서 《네 꿈에 미쳐라》에서 안철수 고수의 메모독서를 소개하고 있다.

"서문을 넘기고 본문이 시작되면 새 책처럼 깨끗하게 보였던 본문에 밑줄이 그어지기 시작한다. 한 페이지씩 넘어갈 때마다 새까만 밑줄이 더 많이 눈에 들어온다. 밑줄 가운데 일부는 종이의 여백을 화살표로 가리키며 이어져 있었다. 여백에는 깨알 같은 글씨들이 잔뜩 박혀 있다. (중략) '이 부분을 우리 회사에 적용하려면?', '이 부분은 당장 경영지원팀의 현실에 적용 가능함'이라고 적혀 있다."

안철수 고수에겐 독서 노트가 따로 없다. 책 자체가 독서 노트다. 그는 중요한 부분에 밑줄을 긋고, 사색을 통해 떠오른 생각을 여백에 빼곡히 적어놓는다. 이런 메모를 그는 책을 다 읽은 후에 따로 모아 정리한다. 이렇게 구축된 데이터베이스는 책을 쓸 때 활용한다. 그가 아홉 권의 책을 낸 것도 이런 메모 덕택이었다. 그는 메모한 것을 모았더니 책이 되더라고 했다.

넷째는 대화독서다. 안철수 고수는 책과 대화하면서 책을 읽는다. 이 습관 역시 어릴 적부터 가진 것이다. 그는 내성적이라 남들과 어울리기를 싫어했다. 그래서 그가 책을 읽으면서 책과 대화하게 되었는지도 모른다. 그는 소설을 읽으면서 소설 주인공과 대화하길 즐겼다. 그는 〈중앙일보〉와의 인터뷰에서 "소설을 읽으면 줄거리에 관심이 없다. 대신 주인공의 사고방식과 행동방식에 관심이 갔다. 예를 들어 《금삼의 피》를 읽으면서 '왕인데 왜 이렇게 불행할까? 나라면 어떻게 할까? 왜 화를 내지?'라고 생각하고 이해하려고 했다. 그렇게 다양한 사람들을 이해하려고 노력하니까 정작 주인공이 죽었는지 살았는지 줄거리를 잊어버리더라"라고 했다. 이처럼 줄거리를 잊어버릴 정도로 주인공과 대화하면서 읽었다. 그러면서 그는 사람을 이해하려 했다.

책과 대화하면서 읽는 것은 적극적인 독서다. 즉, 독자가 자신에게 질문을 던지는 것이다. 그저 저자의 주장이나 생각을 그대로 수용하는 것이 아니라 '나라면 어떻게 할까?'라는 질문을 통해 책을 적극적으로 소화하는 것이다. 다시 말해 독자가 책을 읽으면서 '어, 정말?', '그건 아니잖아?', '난 이렇게 생각해!', '그래 맞아!', '그랬구나!'라고 반론을 제기하거나 맞장구를 치는 것이다. 그러면서 독자는 뭔가를 깨닫는다. 그래서 독서를 커뮤니케이션이라고 한다.

다섯째는 틈새독서다. 안철수 고수는 무척 바쁜 사람이다. 그렇지만 그는 한 달에 열 권 이상 책을 읽는다. 그게 어떻게 가능할까? 바로 자투리 시간을 활용하는 틈새독서이기 때문이다. 그의 틈새독서 일화는 유명하다. 그는 안철수연구소 이사장 시절 한 일간지와 인터뷰에서 "책 읽을 시간이 부족해 틈틈이 읽는 경우가 많다. 승강기를 기다리는 동안 책을 읽기도 한다. 회사 건물의 승강기가 느려서 한 달에 한두 권은 충분히 읽을 수 있었다"라고 했다.

영국의 유명한 정치가 윌리엄 글래드스턴은 "나는 뜻밖에 갖게 되는 1분을 헛되이 보내지 않도록 언제나 작은 책을 주머니에 넣는 것을 잊지 않았다"라고 했다. 안철수 고수도 마찬가지다. 그는 항상 책을 몸에 지니고 다닌다. 그러면서 그는 단 1분이라도 시간이 생기면 책을 펼친다. 책 읽는 습관이 들지 않은 사람들은 틈새 시간을 헛되이 보낸다. 그 짧은 시간에 책을 읽어 뭐하냐는 식이다. 하지만 이런 조그만 차이가 커다란 결과를 낳는다. 그렇게 잠시 읽는 것도 1주일이면 한 권 정도, 한 달이면 네 권 정도 읽을 수 있다. 안철수 고수는 틈새 독서로 한 달에 열 권 이상 읽는다. 이게 그가 보통 사람과 다른 점이다.

안철수 고수의 독서론

이쯤에서 안철수 고수의 독서론을 정리해 보자. 그는 《CEO 안철수, 지금 우리에게 필요한 것은》에서 자신의 독서 방법 일곱 가지를 소개했다. 그것을 요약해 본다.

첫째, 책을 통해 얻을 수 있는 것은 자신의 이전 경험에 비례한다.

두 사람이 똑같은 책을 읽더라도 책에서 얻는 것이 서로 차이가 난다. 두 사람의 이전 경험에 따라 책을 읽으면서 얻는 지식의 양과 깨달음의 질이 달라지기 때문이다. 극단적인 예로 중학생과 대학교수가 같은 책을 읽는다면 대학교수가 중학생보다 이해도가 높고 받아들이는 폭도 넓다. 그만큼 대학교수가 중학생보다 경험이 많기 때문이다. 그리고 같은 사람이라도 읽는 시기에 따라 차이가 난다. 즉, 몇 년 전에 읽었던 책이라도 시간이 지나 다시 읽으면 느낌이나 감동이 상당히 다르다.

왜 그럴까? 독자는 그동안 살아오면서 경험한 것을 바탕으로 책을 이해하기 때문이다. 이를 잘 표현한 말이 있다. 중국의 소설가이자 문명비평가 린위탕(임어당) 선생은 "청년기에 글을 읽는 것은 울타리 사이로 달을 바라보는 것과 같고, 중년기에 글을 읽는 것은 자기 집 뜰에서 달을 바라보는 것과 같으며, 노년에 글을 읽는 것은 발코니에서 달을 바라보는 것과 같다"라고 했다.

둘째, 유익한 책 읽기의 열쇠는 사색이다.

글을 읽는 것만큼 중요한 것이 사색이다. 책을 한 권 해치운다는 생각으로 읽는 것보다 얼마나 많은 것을 얻을 수 있느냐에 중점을 두어야 한다. 많은 것을 얻으려면 천천히 읽으면서 생각을 많이 해야 한다. 때에 따라서는 읽는 시간보다 생각하는 시간이 많아야 한다. 어떻게 하는 것이 생각하며 읽는 것인가? 책 내용을 자신의 경험이나 현재 상황에 대입해 보고, 다른 책과 비교해 보거나 연관 지어 생각해 보는 것이다. 그러면서 나름대로 해석 과정을 거친다. 이럴 때 책에 담긴 지식이 내재화되고 사고의 폭도 넓어진다. 이래서 독서는 사색을 통해 완성된다고 하는 것이다.

셋째, 편독하지 말아야 한다.

독서는 영양분 섭취와 같다. 편식하면 영양에 문제가 생기듯 편독하면 편협한 사고를 하게 된다. 관심 분야의 책만 집중해서 읽는 것이 꼭 잘못된 것은 아니지만, 편협한 사고방식을 갖게 된다면 경계해야 한다.

편협하게 사고하다가는 아집에 빠질 위험이 있다. 자신이 옳다고 생각하는 것만 받아들여 세상을 잘못 보게 된다. 편독으로 편협한 사고를 갖게 된다면 독서가 오히려 해로울 수도 있다.

세상은 다양성을 지니고 있다. 세상의 모든 사물과 현상은 여러 가지 측면을 가지고 있기 때문이다. 이것을 바르게 이해하려면 다양하게 볼 줄 알아야 한다. 한쪽만 보면 오류를 범하게 된다. 책도 마찬가지다. 책은 세상을 바라보는 저자의 시각을 담아놓은 그릇이다. 그렇지만 저자가 세상의 모든 것을 그릇에 담을 수는 없다. 또 완벽할 수도 없다. 따라서 편독하거나 책 내용을 무조건 믿으면 곤란하다. 다양한 책을 읽어 열린 사고로 세상을 다양하게 볼 수 있어야 한다.

넷째, 책을 읽을 때 마음에 드는 견해만 받아들이고, 마음에 들지 않는 것은 거부하거나 대충 읽고 넘어가지 말아야 한다.

독서에서 뭔가를 얻으려면 자신과 다른 견해를 받아들이는 열린 마음과 겸손함을 지녀야 한다. 그러지 못하고 자기 입맛에 맞는 부분만 골라 받아들이는 경우가 있다. 이러면 책에서 자신의 실수와 잘못에 대한 변명거리나 방어 논리만 찾게 된다. 이는 나쁜 독서다. 이런 독서라면 차라리 안 하는 게 낫다. 독서의 진정한 가치는 책을 읽어 자신의 부족한 부분을 깨닫고, 이를 보충하는 것이기 때문이다.

다섯째, 책은 우리가 현실에서 필요로 하는 직접적인 답을 제공해 주지 않는다는 사실을 알아야 한다.

책과 현실 사이에는 틈이 존재한다. 현실은 복잡하고 다양한 상황이 맞물려 작동한다. 그러므로 책에 나온 경우가 현실에 딱 들어맞을 수는 없다. 책의 성공 사례를 그대로 따라 했음에도 성공하기 힘든 이유가 여기에 있다. 책은 의사의 처방전과 같은 것이 아니다. 처방 약을 먹으면 금방 병이 낫지만, 책대로 하면 바로 성공하는 것이 아니다. 책은 해답을 제시해 주는 지도자나 선생님이라기보다 우리 옆에서 여러 가지 견해를 들려주는 조언자이자 동반자다. 따라서 답은 독자 스스로 찾아야 한다.

여섯째, 책을 읽는 것에 그쳐서는 아무런 소용이 없다.

책을 읽고 실천해야 한다. 책을 읽고 지식만 습득하면 안 된다. 습득한 지식을 실생활에 적용해야 한다. 현실에 적용하지 못하는 지식은 쓸모없는 지식이기 때문이다. 책은 많은 변화를 일으킬 수 있다. 책을 읽으면 새로운 시각이 생기기 때문이다. 새로운 시각은 궁극적으로 마음가짐의 변화, 생활 습관의 변화, 일하는 방식의 변화를 끌어낸다. 이 모든 것이 책을 읽고 실천했을 때 이루어진다.

일곱째, 책이 그 사람에게 영향을 미치려면 어느 정도의 시간이 필요하다는 사실을 알아야 한다.

독서는 교육과 닮은 점이 많다. 교육은 당장 효과가 나타나지 않는다. 짧게는 몇 년 길게는 몇십 년 후에 교육의 효과가 나타난다. 독서도 마찬가지로 어떤 경우에는 책을 읽고 몇 년 후에 그 효과가 나타나기도 한다. 따라서 책을 읽고 난 다음 효과가 바로 나타나지 않는다고 조급하면 안 된다. 좋은 약일수록 천천히 약효가 나타나듯 좋은 책일수록 서서히 효과가 나타나기 때문이다. 그러므로 충분히 사색하고, 책을 읽은 후 갖게 된 새로운 시각을 현실에 적용하려고 노력해야 한다. 그러면 언젠가는 내재화된 지식과 에너지가 빛을 발하게 된다.

안철수 고수의 서재는 '생각의 지도'다

안철수 고수가 머무는 곳에는 크든 작든 책장이 있다. 자택은 물론 회사 사장실이나 대학 연구실, 여의도 의원회관 사무실에도 어김없이 책장이 있었다. 그 책장에 꽂힌 책을 보면 안철수 고수의 생각을 짐작할 수 있다. 그래서 그의 서재를 '생각의 지도'라고 하는 것이다.

그가 안철수연구소 CEO였던 시절, 사장 집무실에는 세 벽면을 둘러싼 아홉 개의 책장이 놓여 있었다. 그 책장에는 1000여 권의 책이 종류별로 정리돼 있었다. 그리고 책장 사이마다 해묵은 신문·잡지가 가지런히 쌓여 있었다. 책상을 중심으로 오른쪽에는 경제경영서와 인문사회과학 책이, 왼쪽에는 어린 시절 읽은 세계단편문학·세계문학·한국근대문학·세계추리문학 등 문학 전집이 꽂혀 있었다. 이를 보면 그가 CEO 시절에 경제·경영서를 주로 읽었음을 알 수 있다. 그러면서도 인문학과 문학을 꾸준히 읽었다는 사실도 알 수 있다. 그는 당시 아마존이 추천하는 경영서 베스트셀러는 빼놓지 않고 구매해 읽었다. 이유는 경영 분야에서 베스트셀러가 됐다는 것은 실제로 경영에 관여하고 있는 많은 사람으로부터 유용한 책으로 인정받았다고 볼 수 있기 때문이었다.

대전 카이스트 연구실에도 책이 꽉 들어찬 책장이 있었다. 책장에 꽂힌 책은 1000권에 이르렀다. 주로 미국에서 유학할 때 공부한 책들이다. 탁자 위에는 영문 자료들이 수북이 쌓여 있었다. 학생들을 가르치기 위한 책과 자료를 많이 읽고 있음을 금방 알 수 있다. 또 의원회관 518호에 있던 안철수 대선 후보의 책장은 어땠나? 그가 읽은 책들이 두 줄로 빼곡히 꽂혀 있었다. 교육개혁부터 외교·안보 분야까지 영어 원서와 번역서가 가득했다. 대선 공약에 필요한 내용이었다. 그는 바쁜 대선 후보 일정 속에서도 독서를 계속한 것이다.

안철수 고수의 서재에는 영어 원서가 많다는 것이 특징이다. 그는 아무리 바빠도 한 달에 열 권 정도 원서를 구매해 읽는다. 주로 인터넷서점 아마존닷컴(www.amazon.com)을 이용한다. 원서와 번역본 2권을 소장한 책도 있다. 대런 애쓰모글루와 제임스 A 로빈 교수가 쓴《국가는 왜 실패하는가(Why Nations Fail)》, 말콤 글래드웰이 쓴《다윗과 골리앗(David and Goliath)》 등이다. 그리고 글쓰기에 관한 책도 많다. 스티븐 킹의《유혹하는 글쓰기》, 소설가 안정효의《글쓰기 만보》 등이다.

또 독서에 관한 책도 많은데 미셸 투르니에의 독서 노트인 《흡혈귀의 비상》, 일본 지식인 다치바나 다카시의 《나는 이런 책을 읽어왔다》 등이다.

안철수 고수가 추천하는 책

《학문의 즐거움》, 히로나카 헤이스케, 김영사

이 책의 저자는 수학의 노벨상이라고 불리는 필즈상을 수상한 수학자다. 안철수 고수는 이 책을 읽고 책 속에 나오는 한 구절을 생활신조로 삼을 정도로 큰 영향을 받았다. 바로 "어떤 문제에 부딪히면 나는 남보다 두세 배 더 많은 시간을 투자할 각오를 한다. 그것이 평범한 두뇌를 지닌 내가 할 수 있는 유일한 방법이다"라는 구절이다.

안철수 고수가 의학 공부와 컴퓨터 바이러스 백신 개발을 병행하는 힘든 과정을 견딜 수 있었던 것은 히로나카의 삶에서 위안을 얻었기 때문이었다. 히로나카는 '아버지의 사업 실패로 입시 1주일 전까지 거름통을 지고 농사일을 도와야 하는 시절을 보냈지만, 하버드대에서 수학박사 학위를 받고 수학의 노벨상이라는 필즈상을 받아 일본을 대표하는 수학자'가 되었다. 안철수 고수는 평범한 사람이 노력 끝에 천재보다 더 큰 업적을 남길 수 있다는 사실에 감동한 것이다. 시련은 누구에게나 있을 수 있다. 하지만 그 시련을 어떻게 극복하느냐가 문제다. 그런 점에서 안철수 고수는 이 책을 권한다.

《성공하는 기업들의 8가지 습관》, 짐 콜린스 · 제리 포라스, 김영사

안철수 고수는 이 책을 읽고 감동했다. 그는 책 내용을 '안철수연구소'의 기업 가치를 설정하고 추진하는 데 적용했다. 이 책은 3M, 포드, 월트 디즈니 등 세계적인 기업들의 성공 사례를 실패한 기업들과 비교 · 분석해 성공한 기업들이 가지고 있는 8가지 습관을 도출한 것이다. 이 책의 교훈은 '카리스마적인 지도자가 돼 모든 것을 지시하기보다 스스로 발전하고 고쳐나갈 수 있는 지속 가능한 공동체를 만들라는 것'이다. 이런 교훈은 기업뿐 아니라 모든 공동체에 적용할 수 있는 것이다. 그런 점에서 그는 읽기를 권한다.

《손자병법》, 손무

이 책은 워낙 오래되고 흔한 책이라 사람들에게 소개하면 진부하다는 반응을 보인다. 즉, 지금 시대에 무슨 그런 책을 보느냐는 것이다. 하지만 안철수 고수는 미국 유학을 하면서 절대 그렇지 않다는 것을 깨달았다. 미국 와튼 스쿨에서 공부할 때 전략 담당 교수에게서 그는 놀라운 이야기를 들었다. 그 교수는 《손자병법》을 100번 이상 읽었다고 하면서 "《손자병법》만 보면 전략에 관해서는 다른 책을 볼 필요가 없다"라고 했다. 그 말을 들은 안철수 고수는 전에 한 번 읽은 적이 있지만, 다시 《손자병법》를 읽고 가치를 새삼 깨달았다.

《손자병법》은 최고의 병법서라 불리는 고전이다. 그래서 동서고금의 장군, 전략가, 정치가, 기업인들이 많이 읽는다. 나폴레옹이 탐독했고,

2차 대전의 명장 롬멜과 패튼 장군은 참고서로 삼았다. 빌 게이츠도 즐겨 읽는다. 게다가 마오쩌둥은 죽을 때까지 《손자병법》을 손에서 놓지 않았다. 독일 황제 빌헬름 2세는 1차 대전 패배 후 《손자병법》을 미리 읽었더라면 패하지 않았을 것이라며 후회했다.

안철수 고수가 이 책을 권하는 이유는 《손자병법》이 전쟁뿐 아니라 조직과 인간관계에 두루 적용되기 때문이다. 즉, 병법서라고 하지만 책의 밑바탕은 인간에 대한 깊은 통찰에서 나온 것이기 때문에 기업의 경영 전략이나 인간관계에도 적용 가능하다는 것이다. 또한, 2500년 전에 쓰인 책이지만 여전히 현대인들에게 새로운 깨우침을 주기 때문이다.

소설가 김홍신
책은 나를 숨 쉬게 하는 심장박동 소리다

"책 한 권을 읽는다는 것은 괜찮은 스승 한 분을 모시는 것과 같다.
독서는 내 영혼을 따뜻하게 하고, 내가 품격 있는 삶을 살아갈 수 있게 하는 중요한 도구가 된다."
– 김홍신 –

한국 최초의 밀리언셀러 작가 김홍신

소설가 김홍신은 방송인, 정치인, 시민운동가이자 교수다. 그에게는
'한국 최초의 밀리언셀러', '여의도 장총찬'이란 별칭이 붙어 있다. 밀리
언셀러란 별칭은 그가 쓴 소설《인간 시장》이 100만 부 이상 팔렸기 때
문이고, 여의도 장총찬은 그가《인간 시장》의 주인공 장총찬처럼 배짱
두둑한 소신으로 국회의원으로서 의정활동을 했기 때문이다.

김홍신 고수는 어렵게 등단했다. 그의 등단 과정을 살펴보자. 김홍신
은 대학 1학년 때부터 필력이 대단했다. 그는 일주일에 단편 하나씩 썼
고, 학교에서 주최하는 공모전에서 상도 받았다. 그는 문학반 회장을
하며 곽종원 총장(평론가)과 임옥인 가정대학장(소설가)의 사랑을 한몸
에 받았다. 심지어 총장실에서 개인지도를 받고 용돈을 얻어 쓸 정도였

다. 김홍신은 대학 4학년 때 첫 번째 '신춘문예'에 도전했다. 그는 자기 필력을 믿고 당연히 신춘문예에도 단번에 당선될 줄 알았다. 그래서 그는 발표도 하기 전에 신춘문예에 당선됐다고 소문내고 다녔다. 하지만 김홍신은 떨어졌다. 그는 떨어진 사실을 모르고 12월 31일 밤까지 집배원을 목 빠지게 기다렸다. 그러면서 이런 생각까지 했다. '신문사에서 내 주소를 잃어버려 나를 찾느라 정신이 없을 거야!' 그런데 1월 1일 아침 신문에서 당선자의 당선 소감문을 봤다. 그는 분을 못 이겨 신문을 박박 찢으며 '심사위원들 모두 벼락 맞아 죽어라'라고 욕을 해댔다. 그런 후 그는 6년 동안 당선되지 못했다.

그러다가 김홍신은 1976년 월간 문예지 〈현대문학〉에 〈물살〉, 〈본전댁〉이 실리면서 등단했다. 그의 나이 29세였다. 그는 등단하고도 5년 동안 누구 하나 알아주지 않는 긴 무명 시절을 보냈다. 게다가 그는 문단이나 언론사에 건국대 출신 선·후배가 없다는 이유로 설움도 받았다. 심지어 이런 일도 있었다. 문학하는 친구와 신문사를 찾아갔는데, 친구의 선배가 김홍신은 본 척도 않고 친구에게 "마감이라 정신없다. 밥이나 사 먹어라"라고 하며 봉투를 주었다. 그러더니 친구 선배는 친구에게 다음 토요일까지 콩트 하나 써오라고 했다. 자기 대학 후배라고. 그걸 보면서 그는 선배도, 후배도 없는 자신을 한탄했다. 절망감이 밀려왔다. 유명 대학을 나온 것도 아니고, 집안은 망했고, 인물이 잘난 것도 아니고, 특기가 드러난 것도 아니라는 절망감이었다. 그런데 그 역경과 고통이 지금의 그를 만들었다. 김홍신 교수는 "젊은 시절의 좌

절은 지나고 보면 사실 꽤 괜찮은 추억이다"라고 말한다.

그런 고통의 시간을 보낸 뒤 김홍신 고수는 《인간 시장》, 《칼날 위의 전쟁》, 《바람 바람 바람》, 《내륙풍》, 《난장판》, 《풍객》, 《대곡》 등으로 대한민국에 소설 돌풍을 일으켰다. 그는 《삼국지》, 《수호지》 등의 중국 고전 평역서와 《인생사용설명서》, 《그게 뭐 어쨌다고?》, 《인생을 맛있게 사는 지혜》 등의 수필을 포함해 130여 권의 책을 출간했다. 특히 장편소설 《인간 시장》은 대한민국 최초로 백만 부를 돌파한 기록을 남겼다. 그의 나이 36세 때다.

'권총찬'이 '장총찬'이 되다

1981년에 펴낸 한국 최초의 밀리언셀러 장편소설 《인간 시장》은 영화와 드라마로도 제작돼 국민적 사랑을 받았다. 《인간 시장》은 우리나라의 현실에 대한 조롱과 풍자, 속 시원한 해결법으로 독자의 가슴을 시원하게 뚫어준 연작 소설이다. 주인공인 열혈 청년 장총찬은 김홍신의 국회의원 시절을 떠올리게 한다. 그래서 '여의도 장총찬'이란 별명을 얻었다.

주인공 이름에도 에피소드가 있다. 그는 1979년에 계엄사에 잡혀간 경험이 있다. 그때 보니 다들 권총을 차고 있었다. 그래서 그는 소설에서라도 권총을 차보겠다는 생각을 했다. 그 뒤 그는 《인간 시장》을 쓰면서 주인공 이름을 '권총찬'으로 지었다. 그런데 당시에는 검열이 심할 때라 주인공 이름을 바꿔야 했다. 그는 그때를 이렇게 회상한다. "편집국장이 권총찬이라는 이름을 다른 이름으로 바꿔 달라고 했다. 왜 그러냐고 했더니 다 알면서 왜 그러느냐는 식이었다. 고민하던 중 텔레비전으로 서부 영화를 보고 있는데 존 웨인이 장총을 들고 싸우는 장면이 나왔다. 그래서 '장총찬'으로 바꾸었다. 그랬더니 검열에서 통과되더라." 그렇게 바꾼 주인공 이름이 권총 대신 장총을 찼다는 의미의 '장총찬'이다.

내 인생의 절반은 책으로 이루어졌다

김홍신 고수에게 책이란 무엇일까? 그는 "책은 나를 숨 쉬게 하는 심장박동 소리 같다"라고 한다. 그에게 책은 세상을 바라보는 눈이자 숨 쉬는 코, 먹는 입, 듣는 귀, 뜨겁게 흐르는 피 같은 존재다. 그렇다면 그는 언제부터 책을 읽게 됐을까? 그는 유치원 때 신부님 덕택에 책을 읽었다. 프랑스에서 오신 신부님은 김홍신에게 '밴댕이'라는 만화책을 보여주었다. 머리카락이 몇 개 나지 않은 남자가 주인공으로 나오는 만화였다. 김홍신은 그 책이 너덜너덜해지도록 읽었다. 김홍신은 유치원 시절 만화를 통해 한글을 익혔고, 만화책에 빠져 책 읽는 습관을 길렀다.

그 후로 그는 외롭거나 힘들 때마다 책에 빠져들었다. 그 때문에 성장한 뒤에 활자 중독에 빠질 정도가 됐다. 그는 지금도 읽고 쓰는 걸 멈추지 않고 있다. 심지어 그는 "내가 책을 보지 않고, 글쓰기도 내려놓는다면 내 인생도 곱게 땅속으로 스며들 것이다"라고 말한다. 이처럼 그의 인생 절반은 책으로 이루어졌다.

그는 책과 함께 있으면 수많은 스승이 자신을 지키고 있는 듯하다고 한다. 책은 그에게 세상의 소중한 가치를 가르쳐 준 스승이고, 동반자이고, 연인이다. 그는 가끔 만약 어려서부터 책을 좋아하지 않았고, 책과 함께 살아오지 않았다면 인생이 어떻게 됐을지 생각한다고 했다. 그때마다 그는 책이 없는 김홍신은 상상이 안 된다는 결론을 내린다.

책을 읽는 것은 향기로운 삶을 찾아가는 지름길이요, 가장 빠른 마음공부다. 또 책 속에서 인생의 가치를 다시 찾을 수 있다. 그래서 자유인답게 자신을 개척하고, 남에게 보탬이 되는 사람으로 살아가는 지혜를 얻게 된다. 김홍신 고수는 바로 그렇게 살고 있다. 그의 삶은 책과 더불어 사유하고 책을 통해 표출되고 완성되는 삶이다.

아들 결혼식 때 하객에게 선물한 책이 천사를 만들다

김홍신 고수에게 글은 자유다. 글을 쓰면 그는 영혼의 소리를 듣는다. 그 소리를 통해 그는 세상에서 자유를 가장 많이 누리는 사람이 된다. 행복한 사람이 누구일까? 행복한 사람은 자유로운 사람과 마음이 편한 사람이다. 그런데 글을 쓰면 행복한 사람이 된다. 그래서 그는 글을 쓴다. 또 글을 쓰면 자신뿐 아니라 다른 사람도 행복하게 만든다.

김홍신 고수는 아들 결혼식에 온 하객에게 음식 대접만 하기가 민망

해서 책을 한 권씩 선물하려고 《인생사용설명서》란 책을 썼다. 그런데 한 여성이 이 책을 읽고 김홍신 고수에게 문자를 보내왔다. 그녀는 예전에 멋쟁이 피아니스트였다. 그런데 몇 년 전 버스에서 내리다가 사고를 당했다. 버스 문틈에 그녀의 옷이 끼어 있는 걸 모르고 버스가 출발한 것이다. 그때 오른손 손가락 세 개를 잃었다. 손가락을 잃었으니 피아니스트로서의 생명을 잃은 거나 마찬가지였다. 그 후 그녀는 사고를 낸 운전기사에 대한 증오심 때문에 편할 날이 없었다. 그녀가 토요일 결혼식장에서 받은 책을 읽고, 일요일에 김홍신 고수에게 문자를 보낸 것이다. 그녀는 사고를 낸 버스 기사를 몇 년 동안 증오하고 복수심에 불탔는데, 이 책을 읽고 용서하기로 했다는 내용이었다. 그랬더니 마음이 편해져서 처음으로 잠을 푹 잘 수 있어 행복했다는 것이었다. 김홍신 고수는 문자를 확인하자마자 그녀에게 전화를 걸어 "그대가 용서한 순간 천사가 됐다. 이 천사가 우리 곁에 있으니 우리가 행복하다"라고 했다(네이버 '지식인의 서재' 중에서). 이처럼 글은 다른 사람을 감동하게 하고 변화시키는 힘을 갖고 있다. 우리가 책을 읽는 이유가 바로 이것이다.

독서를 통해 '자신만의 개성'을 만들자

최근 젊은 세대를 일컬어 '단군 이래 최고 스펙 소유자'라고 부른다. 그만큼 요즘 젊은이들은 학창 시절부터 스펙 쌓기에 열을 올리고 있다.

이를 두고 사람들은 지나친 입시와 경쟁 때문이라고 안타까워한다. 김홍신 고수도 마찬가지 생각이다. 그는 "혈기 왕성한 젊은이들을 경쟁에 가둬놓으니 이는 시한폭탄이나 다름없다. 교육의 근본은 사람답게 사는 걸 가르치는 것인데 점수 만들기에만 혈안이 되고 있다"라고 탄식한다. 그러면서 그는 청소년들은 스펙이 아니라 개성을 살려야 한다고 강조한다. 개성을 살리려면 휴머니즘을 성장시켜야 한다. 그러려면 책을 많이 읽어야 한다. 그래서 그는 청소년에게 최고의 교육 방법은 독서라고 말한다. 책을 많이 읽는다는 건 저자가 가진 철학, 신념 등을 섭렵하는 것이다. 그러므로 독서를 하면 그만큼 견해가 넓어지고 자신의 개성을 찾을 수 있다.

그럼 어떻게 읽어야 하나? 그는 어떤 책이든 많이 읽기를 권한다. 그리고 독서는 즐거워야 하므로 가장 흥미를 느끼는 분야의 책을 읽으라고 권한다. 책과 친해지려면 자기가 좋아하는 것을 읽어야 하기 때문이다. 책 읽는 습관도 중요하다. 책은 밥 먹듯 읽어야 한다. 매일 꾸준히 읽는 게 습관을 기르기에 좋다. 또 습관을 들이려면 때와 장소를 가리지 않고 언제 어디서든 읽어야 한다. 책 읽는 습관으로 고상한 인격을 갖추고 자기만의 개성을 만들어야 한다. 그는 "책 한 권을 읽는다는 것은 괜찮은 스승 한 분을 모시는 것과 같다. 독서는 내 영혼을 따뜻하게 하고 내가 품격 있는 삶을 살아갈 수 있게 하는 중요한 도구가 된다"라고 말한다.

김홍신 고수가 젊은이들에게 강조하는 것은 수필 쓰기, 자서전 쓰기,

전공 서적 쓰기다. 수필을 쓰면 메모하는 습관이 생긴다. 곧 아이디어 뱅크가 된다. 자서전을 쓰겠다는 다짐을 하면 어디서든 자신의 품격이 훼손되는 행동을 하지 않는다. 곧 스스로 품격 있게 변화된다는 것이다. 그리고 전공 서적 집필은 자신이 어떻게 성공하고 실패했는지 드러내는 것이다. 곧 자기의 역사를 나타내는 것이기 때문에 스스로 생활을 통제하게 된다.

신문 읽기도 훌륭한 독서다

'요즘 세상에 무슨 신문 읽기냐?'라고 할지 모르겠다. 사실 요즘 같은 디지털 시대에 종이 신문 보는 사람은 점점 줄어들고 있다. 스마트폰 하나면 어떤 정보든지 손쉽게 얻을 수 있다. 그런데 누가 굳이 종이 신문을 읽겠다고 나서겠는가? 하지만 신문은 사건 사고 등 시사 뉴스만 전하는 매체가 아니다. 종이 신문은 나름의 장점과 유용성을 가지고 있다. 신문의 유용성 중 하나는 우리 사회의 변화와 발전 모습 등 진행형의 역사를 만날 수 있다는 것이다. 또한, 광고에도 유용성이 있다. 광고에는 사회적 흐름을 읽을 수 있는 힌트가 있다. 즉, 밑바닥 경기 흐름부터 투자 흐름에 이르기까지 사회 전반을 폭넓게 이해할 수 있다. 이같이 신문도 잘 활용하면 유익한 점이 많다.

김홍신 고수는 평소 신문을 굉장히 꼼꼼히 읽는다. 그에게 신문은 글쓰기와 강연의 원천이다. 그는 1면 기사부터 사설, 칼럼, 광고까지 샅

샅이 읽는다. 그러다 보면 동시대를 살아가는 이들의 인생사를 넓은 시각에서 조망할 수 있게 된다. 그래서 그는 제자들에게 진보·보수·중도적 신문 한 부씩, 적어도 세 부는 읽으라고 권한다.

그리고 주간지나 월간지도 하나씩 꼭 보라고 권한다. 주간지는 일간지보다 기사의 흐름이 정돈돼 있고, 월간지는 한 달 동안 만들기 때문에 심층 취재로 깊이 있게 다룬다는 장점이 있다. 신문 읽기가 끝나면 다음 단계는 책 읽기다. 신문이 삶의 이야기를 빠르고 넓게 전달한다면 책은 한 가지 주제에 대한 깊이 있는 시각을 제시해 준다. 따라서 그는 신문과 책을 함께 읽어야 인생의 깊이를 깨달을 수 있다고 조언한다.

김홍신 고수의 서재는 상처와 향기다

김홍신 고수에게 서재는 '상처와 향기'다. 무슨 뜻일까? 상처는 영혼의 상처를 말하며, 향기는 영혼의 상처에서 풍기는 향기를 의미한다. 영혼의 상처가 흉터로 남으면 인생을 잘못 산 것이지만, 영혼의 상처가 향기로 남으면 남에게 기쁨이 되고 자신에게도 잘 견딜 수 있는 중요한 덕목이 된다. 그러므로 영혼의 상처가 흉터로 남지 않고 향기로 남도록 다스리고 다듬어야 한다. 이 영혼의 상처를 다스리고 다듬는 사람이 글쟁이다. 즉 글쟁이는 책을 통해 자기 영혼의 상처를 다스리고 남의 영혼의 상처를 쓰다듬는다. 그래서 서재는 상처와 향기다.

그의 서재는 서울 서초구 서초동 자택 2층에 있다. 자택은《인간 시장》의 인세를 받아 아담하게 올린 2층 양옥이다. 그는 이 서재에서 30년 넘게 영혼의 상처를 향기로 남기고 있다. 서재에는 1만 권이 넘는 장서가 있다. 바닥에서 천장까지 이어진 책장이 벽면을 가득 채우고 있어 마치 '책의 성전' 같다. 책상에는 만년필로 쓴 원고와 신문 스크랩 자료가 겹겹이 쌓여 있다. 학자처럼 배우고 연구하며 글을 쓰는 소설가의 책상답다.

그는 어렸을 때부터 방 안에 책을 천장까지 꽉 채우기를 소원했다. 그래서 지금의 서재를 책장 위에도 책을 쌓아 천장까지 꽉 채워놓았다. 어렸을 때 꿈을 그대로 실현한 것이다. 그가 이런 꿈을 꾸었던 이유는 책이 빼곡히 쌓인 서재에 있으면 굉장히 부자가 된 기분이고, 세상의 온갖 지혜들이 자신을 둘러싸고 있는 듯한 느낌을 받기 때문이라고 한다.

그가 책에 집착하는 데는 이유가 있다. 책에 대한 아픈 사연이 있기 때문이다. 대학 시절 이야기다. 사수(四修) 끝에 겨우 대학생이 된 그는 근근이 모은 책을 보물처럼 끌어안고 지냈다. 그는 기숙사 좁은 방에서도 책으로 방을 꾸미고, 잠시 하숙할 때도 '책 잔치'라도 하듯 책을 늘어놓았다. 그러다가 하숙비가 벅차 친척 집으로 거처를 옮겼는데, 바로 그때 문제가 생겼다. 그해 여름 장마 때 수해로 서부 이촌동 일대가 온통 물바다가 됐다. 그가 살던 친척 집도 물에 잠겼다. 그때 몸만 간신히 빠져나온 터라 애써 모은 책은 물론 사진과 일기장, 습작 노트가 몽땅 수장되고 말았다. 물이 빠진 뒤 흔적이라도 찾고 싶어 뒤졌지만 허사였다.

그러고 나서 엎친 데 겹친 격으로 가세마저 기울어 그는 휴학하고 집으로 내려왔다. 그는 궁색한 형편이지만, 시골 헌책방을 전전하며 책을 사 모았다. 책을 잃어버린 보상심리가 작용한 것이다. 그런 뒤 어렵사리 복학했다. 그러나 하숙비 때문에 어쩔 수 없이 또 그는 친척 집에서 신세를 져야 했다. 친척 집은 수재민 이주 지역인 봉천동 산비탈에 시멘트 블록으로 얼기설기 지은, 형태만 겨우 갖춘 집이었다. 그런데 이 무슨 얄궂은 운명이란 말인가! 또 사달이 났다. 그는 겨우 식대만 내고 더부살이하는 처지라 전기라도 아낄 요량으로 촛불을 켜고 책을 봤다. 그러다가 깜빡 잠이 들어 촛불이 넘어져 불이 나고 말았다. 온 가족이 달려들어 간신히 불길은 잡았다. 그러나 시골집에서 챙겨온 책과 사진 그리고 부지런히 써놓은 습작 노트와 일기장이 모두 타버렸다. 이번에는 그가 저지른 일이니 원망할 데도 없었고, 친척 집 식구들에게 얼굴도 들 수 없었다.

　이게 다가 아니다. 또 한 번 운명의 장난이 있었다. 지금 사는 집에서 일어난 사건이다. 그는 서재에 1만여 권의 책을 두고 나머지 1만여 권의 책은 지하 서고에 보관하고 있었다. 어느 날 지하실 문을 열자 온통 물바다였다. 1층 보일러 배관이 터져 물이 차오른 것이었다. 1만여 권의 책은 책장과 벽을 타고 스며든 물에 젖어 퉁퉁 부은 시체처럼 되어 있었다. 수십 년 동안 지극하게 모은 추억의 보고가 물에 빠진 시체가 되고 말았다. 더욱 안타까운 것은 작가에게 소중한 초판본이 모두 사라졌고, 애써 모은 귀한 고서와 육필 원고뿐 아니라 소중하게 간직하던 편지와 그림까지 물귀신이 되어버린 것이다. 지하 서고를 만들 때 책장을 짜는 목수가 지하에는 철제 책장을 짜는 게 좋다고 했지만, 그는 "책이 추우면 어찌합니까?"라며 굳이 나무 책장을 마련했던 것이 후회됐다고 한다.

김홍신 고수의 장서는 '김홍신 문학관'으로 옮겨졌다. 문학관은 그가 유년 시절을 보낸 충남 논산에 있다. 문학관은 62억 원을 들여 교육관, 도서관, 전시실, 세미나 카페, 집필관 등을 갖춰 1996년 6월 8일 개관했다. 문학관은 신진 작가 발굴이나 문학 강연, 글쓰기 지도 등에 이용된다. 김홍신 고수는 문학관이 누구나 와서 편안하게 문학을 말하고 문학으로 세상과 소통할 수 있는 중추가 됐으면 좋겠다고 말한다.

김홍신 고수가 추천하는 책

《중용》, 자사

사실 그는 《중용》을 고리타분한 책으로만 여겼다. 그러다가 그는 소설 응모에 번번이 낙방하고 가세가 기울어 대학을 포기할 위기를 맞은 시기에 절박한 심정으로 읽었다. 하지만 그저 고전 한 권 읽었다는 느낌뿐이었다. 그런데 그가 복학하고 안정을 되찾은 뒤 다시 《중용》을 읽었는데 '군자신기독야(君子愼其獨也)'라는 글귀에 꽂혔다. '보고 듣는 사람이 없는 곳에 혼자 있을 때도 도리에 어긋나는 행동이나 생각을 하지 않는 마음과 태도로 살라'는 말이 그의 가슴을 파고들었다. 《중용》에는 우리의 삶을 안정적으로 자리 잡게 해주는 교훈이 담겨 있지만, 한편으로론 철학과 역사가 아우러지고, 어쩌면 종교까지도 포함한 인간의 삶을 가장 숭엄하게 만드는 보편적 기준을 제시해 주는 책이다. 즉 삶의 근본과 철리(哲理)를 함축하고 있다. 그는 이런 책을 읽을 때 틈틈이 문장이나 교훈적인 부분을 메모하라고 권한다. 그래야 선인의 지혜와 교감할 수 있기 때문이다.

《아벨라르와 엘로이즈》, 아벨라르 · 엘로이즈, 을유문화사

이 책은 아벨라르와 엘로이즈가 주고받은 편지를 모아놓은 책으로 육신과 영혼의 사랑에 대한 경건한 화두를 던진 책이다. 한때 이 책은 가톨릭 금서로 지정되기도 했다. 책의 내용은 중세 철학의 대가이자 가톨릭 신부인 아벨라르의 고백으로 시작된다. 아벨라르 신부가 39세 때 17세인 미모의 엘로이즈를 제자로 맞으면서 두 사람의 비극적 사랑이 시작된다. 이들은 가족 몰래 비밀 결혼을 하고 아이까지 낳는다. 엘로이즈의 가족은 아벨라르의 생식기를 절단해 복수한다. 아벨라르 신부는 한순간에 명예를 잃고 떠도는 신세가 된다. 그런데 수녀가된 엘로이즈는 우연히 아벨라르의 고백록을 읽게 된다. 그리고 엘로이즈는 아벨라르에게 열정적이고 매우 솔직한 사랑의 감정을 담은 편지를 쓴다. 이에 아벨라르도 육신의 사랑과 영혼의 사랑에 대한 깊은 통찰을 담은 답장을 엘로이즈에게 보낸다. 두 사람이 주고받은 편지는 육신과 영혼의 사랑에 대한 경건한 화두가 되었다. 이후 아벨라르는 63세에 죽는다.

수녀원 원장이된 엘로이즈는 그의 시신을 수녀원에 묻는다. 이 책은 가슴 시리게 하는 육신과 영혼의 사랑을 담은 책이다.

《조선상고사》, 신채호

우리 근대사의 결출한 선비인 단재 신채호 선생이 쓴 '민족의 심장을 쳐서 움직인 책'이다. 한국 근대사학의 주춧돌이 된 명저라고 할 수 있다. 저자는 단군 시대로부터 백제의 멸망과 부흥 운동까지 민족사관의 곧은 시선으로 기술했다. 이 책은 기존의 굴종 사관에서 벗어나 고조선, 부여, 고구려 중심의 역사 인식으로 사대주의적 관점을 바로잡은 역사서라고 평가받는다. 상고시대 우리 역사는 중국 동북지역과 랴오시 지역까지 미쳤고, 단군 시대에는 산둥반도까지 경략했다는 역사적 진실을 이 책이 증언하고 있다. 그런데도 후세들이 이 같은 기록을 사랑하지 않는 것을 보면 그는 마음이 아프다고 한다. 그러면서 이 책을 적극적으로 추천한다.

문학평론가 이어령
다독이 창의력과 상상력의 원천이다

"나는 책을 끝까지 다 읽어본 적이 없다.
훌훌 넘기면서 우연히 와 닿는 것이 내게 영감을 주기 때문이다."
— 이어령 —

한국의 대표 지성, 석학(碩學) 이어령

이어령 교수는 문학평론가, 수필가, 소설가, 시인, 칼럼니스트다. 그는 초대 문화부장관, 새천년준비위원장을 지냈다. 그에겐 시대의 현자, 한국 최고의 지성, 시대를 대표하는 석학, 당대의 문장가, 언어의 마술사, 능변가, 창조의 달인, 평생 교육자, 미래학자 등 셀 수 없는 수식어가 따른다. 이를 보면 그가 우리 사회에 미친 영향을 가늠할 수 있다. 그는 한국의 대표 독서 고수라 해도 손색이 없다.

이어령 고수의 80년 독서 인생

이어령 고수는 80년 넘게 책과 함께 살았다. 그의 인생 첫 번째 책은 돌잡이 책이었다. 돌잡이는 돌잔치 상에 돈, 쌀, 떡, 실, 책 등을 펼쳐놓고 아이가 집는 물건으로 아이의 장래를 점쳐보는 의식이다. 아이가 돈을 집으면 부자가 된다고, 쌀을 집으면 만석꾼이 된다고, 떡을 집으면 먹을 복이 많다고 좋아했다. 그러나 당시 책은 돌잡이로 인기가 없었다. 그런데 이어령은 책을 집었다. 그러자 어른들은 내심 섭섭해했다.

하지만 책을 좋아했던 어머니는 그가 돌잡이로 책을 집은 것을 누구보다 기뻐했다. 어머니는 이어령이 돌잡이로 책을 집은 것을 두고두고 자랑했다. 어머니는 그에게 "너는 어렸을 때 책을 집은 아이야. 나중에 커서 글 쓰는 사람, 훌륭한 학자가 될 거야"라고 거듭 말했다.

이어령에게 두 번째 책은 어머니가 읽어준 책이다. 어머니는 이어령이 어릴 적부터 책을 많이 읽어주었다. 그는 "어머니의 품에 안겨 어머니의 음성으로 듣던 그 책이 내 창조력의 씨앗이 됐다"라고 했다. 그러나 어머니가 책을 많이 읽어준 행복한 기억 이면에 안 좋은 기억 하나가 있다. 평생 부부싸움을 모르던 부모님이 자기 때문에 말다툼을 한 기억이다.

이어령이 대여섯 살 때 일이다. 그는 몸이 약해 자주 감기를 앓았다. 그때마다 어머니는 한 손으로 그의 머리에 수건을 얹고, 다른 손으론 책장을 넘겼다. 그런데 어느 날 이어령이 아파 누워 있는데 두 분이 다투는 소리가 들렸다. 아버지가 어머니에게 "애가 아파서 누워 있는데 뭐 하는 거요? 아이 옆에서 한가하게 책 읽는 어미가 어딨소?"라고 호통을 쳤다. 어머니는 억울한 듯 "이제 읽기 시작했어요. 조금 전까지 간

호해 주다가 애가 잠든 거 보고 책을 손에 든 건데……"라고 했다. 그 정도로 그의 어머니는 책을 좋아했고, 그에게 책을 많이 읽어주었다.

이어령은 어려서부터 어머니와 형들이 책 읽는 모습을 많이 보고 자랐다. 그 영향으로 그는 글을 일찍 깨우쳤다. 당시는 일제강점기여서 일본어를 사용했다. 그는 여섯 살 때 일본어로 동화를 썼다. 이를 계기로 이어령은 자신을 천재라고 생각했다. 그가 천재라고 생각한 데는 그럴 만한 일화가 있다.

이어령은 여섯 살 때부터 누나의 책 여백에 몽땅 연필로 동화를 썼다. 물론 그는 그게 동화인 줄 몰랐다. 그런데 방학 때 서울에서 내려온 형들이 그가 쓴 동화를 보고 "이거 네가 쓴 거 맞아?"라고 했다. 이어령이 그렇다고 하자, 형들이 "거짓말 마. 어디에서 베꼈지? 정말 네가 썼다면 노벨상감이고 천재야!"라고 놀렸다. 그는 형들이 안 믿어주는 게 억울해서 펄펄 뛰었다. 그러면서도 형들이 '천재야'라고 한 말을 곧이듣고 그는 자기가 진짜 천재라고 믿었다.

그가 천재라는 망상에서 깨어난 것은 한참 뒤였다. 서른이 넘어서면서부터였다. 당시 사람들은 천재는 일찍 죽는다는 낭설을 믿었다. 즉 천재는 '천재병'으로 서른을 못 넘기고 죽는다는 것이다. 그는 이렇게 말했다. "남들이 천재라기에 서른 살이 되면 죽을 줄 알았어요. 근데 서른이 돼도 안 죽는 거예요. 그래서 '아! 내가 천재가 아니구나!'라고 생각했지요."

이어령은 어릴 때부터 독서 습관을 길렀다. 거기에는 어머니의 영향이 컸다. 그의 어머니는 틈만 나면 책을 읽었기 때문에 이어령은 어머니 어깨너머로 자연스럽게 책 읽는 법을 배웠다. 이어령은 독서 습관이 들고부터 벽장이나 다락, 헛간에서 시간 가는 줄 모르고 닥치는 대로 책을 읽었다.

이어령은 초등학교 때 단테의 《신곡》을 비롯해 《세계단편선집》 등 고전 문학 36권을 읽었다. 이런 책은 사실 초등학생이 읽기에는 상당히 어렵다. 그런데도 이어령은 억지로 읽어냈다. 그 결과 그는 독서법을 빨리 익히게 됐고, 또래보다 조숙해졌다. 이어령은 어려운 책을 많이 읽어 정신적 성장이 빨랐다.

이어령 고수는 돌이켜보면 어릴 때부터 어려운 책을 읽은 영향으로 추리력이 길러지고, 뇌세포가 활성화됐다고 했다. 그래서 그는 어린이라고 해서 동화책만 읽지 말고 난이도가 있는 책을 읽으라고 권한다. 심지어 그는 어린이에게 동화만 읽히면 바보가 된다고까지 했다. 그의 말은 아이의 두뇌를 활성화하려면 조금 어려운 책을 읽게 할 필요가 있다는 얘기다.

이어령은 대학 시절 아침부터 저녁까지 도서관에서 살다시피 했다. 이어령 고수는 당시 재학생 중에 도서관 이용 빈도가 가장 높은 학생 중 한 사람이었다고 자부했다. 당시는 6·25전쟁 중이라 거의 수업이 이뤄지지 않았다. 그는 도서관에서 혼자 책을 읽었다. 그때 그는 철학서적을 많이 읽었다. 그는 데카르트, 키르케고르, 쇼펜하우어 등 감성적이면서 깊이 있는 책을 많이 접했다. 또 희곡도 많이 읽었다. 그는 오

닐의 희곡 작품은 거의 다 읽었다. 특히 《파우스트》 같은 어려운 작품도 굉장히 좋아했다.

그가 대학 때 읽은 책 중에 가장 기억에 남는다고 한 책은 릴케의 《말테의 수기》다. 이 책은 젊은 시인 말테가 파리에서 죽음의 공포에 떨면서 쓴 수기다. 이 책은 이어령 고수에게 인생이란 무엇인가에 대한 존재적 성찰을 하게 해주었다. 또 이 책은 그에게 시와 소설을 넘나드는 글쓰기를 배우게 해주었다

그의 독서 편력은 교수 시절에도 여전했다. 그는 매일 저녁 6시면 집에 돌아와 새벽 두세 시까지 책을 읽었다. 그는 매달 100권 정도 책을 읽어야 했다. 책을 읽지 않으면 안 될 상황이었다. 그는 한 달에 대략 10권을 구매하고, 작가나 출판사로부터 70~80권을 받았다. 그러니 책을 많이 읽지 않을 수 없었다. 이어령 고수는 책 읽기를 좋아해 워낙 많은 책을 읽었다. 문인들이나 교수들과 대화해 봐도 자기보다 많이 읽은 사람을 못 봤다고 했다.

이어령 고수는 창조의 달인이다. 이런 창조의 원천이 어디서 왔을까? 바로 독서였다. 한 일간지 기자가 그에게 "최고의 문화 창조자가 될 수 있었던 비결이 무엇이냐?"라고 물었다. 이에 그는 "내가 지닌 독창성과 상상력의 원천은 어려운 책을 읽으면서 모르는 부분을 끊임없이 알아가는 데서 생겨났다고 본다. 또 책은 양서와 악서가 따로 없다. 독해 능력만 있다면 악서에서도 배울 게 있다. 그러니 억지로 세운 독서 계획보다 즐거움 속에서 책을 가리지 않고 읽도록 해야 한다"라고 말했다.

이어령 고수의 독서론

이어령 고수는 한국에서 둘째가라면 서러울 독서가다. 그는 다독이 독창성과 상상력의 원천이라고 했다. 그러면서 그는 자기가 다른 교수와 조금이라도 다른 점이 있다면 그것은 책 읽기에서 나왔다고 했다. 그만큼 그가 책을 많이 읽었다는 얘기다. 그렇다면 그의 독서론이 궁금해진다. 다음 다섯 가지로 정리해 보았다.

첫째, 책은 가장 효율적인 지식 전달 매체다.

매체 중에서 정보를 가장 많이 집어넣을 수 있는 것이 책이다. 예를 들어 동영상과 비교해도 그렇다. 동영상에는 자막을 많이 넣지 못한다. 그러니 동영상은 정보량은 많지만 주는 메시지는 적다. 하지만 책은 메시지를 전하는 데 제한이 없다. 그런 점에서 중요한 정보와 메시지는 책으로 전할 수밖에 없다. 그래서 책이 가장 효율적인 지식 전달 매체다.

둘째, 독서는 친구와 같은 것이다.

이어령 고수는 '책과의 감동적인 만남은 우연히, 운명적으로 이뤄지는 것'이라고 한다. 따라서 독서는 마치 친구를 만나는 것과 같다. 우리는 누군가가 지정해 준 사람과 친구를 사귀지 않는다. 마찬가지로 책도 누군가가 지정해준 것을 읽는 게 아니다. 책은 친구를 고르듯 책과 직접 부딪히면서 골라야 한다. 그렇게 친구처럼 만나는 책에서 영감을 더

184

많이 얻을 수 있다. 그는 책은 추천하는 것이 아니라고 말한다.

셋째, 책은 필요한 부분만 읽는다.

이어령 고수의 독서법은 좀 특이하다. 책 한 권을 완독하는 경우가 드물다. 책을 훌훌 넘기면서 새로운 정보를 얻는다. 그는 이런 방식을 '랜덤 액세스(random access)'라고 한다. 이 방식은 원하는 정보를 찾아 보는 인터넷 검색과는 다르다. 이 방식은 책을 훑어보다가 우연히 문 득 만나는 곳에서 더 많은 것을 얻을 수 있다는 것이다. 그는 "나는 책 을 끝까지 다 읽어본 적이 없다. 훌훌 넘기면서 우연히 와 닿는 것이 내 게 영감을 주기 때문이다"라고 했다. 그는 책을 훌훌 넘기다가 몇몇 구 절에서 상상력과 창조력의 벼락을 맞는 것을 즐긴다. 그의 상상력과 창 조력은 이런 독서법으로부터 나왔다. 또 그가 다양한 분야의 책을 많이 읽을 수 있었던 것도 이런 독서법 때문이다.

넷째, 독서 후 생각과 행동에 조금이라도 달라진 점이 없으면 독서가 아니다.

제대로 된 독서를 하면 독자에게 작은 혁명이 일어난다. 이게 진정한 독서다. 그렇지 않고 변화 없이 취미로 책을 읽으면 시간 낭비일 뿐이 다. 이어령 고수는 책을 읽은 후 변화가 없으면 킬링타임(Killing time) 을 한 것뿐이라고 하면서 재미로 습관적으로 줄줄 읽기만 하면 독서가 아니라고 했다.

책을 읽으면 생각과 행동이 바뀌어야 한다. 그의 말대로 '시를 읽고 나면 그다음 날 해가 뜨는 게 달라 보이듯'이 독서는 반드시 생각과 행동의 변화로 이어져야 한다. 그렇지 않으면 독서 효과가 없는 것이다. 그러므로 독서 후 생각과 행동에 조금이라도 달라진 점이 없으면 독서가 아니다.

다섯째, 항상 의문을 가져야 머리를 쪼개는 문장을 만날 수 있다.

이어령 고수의 독서법은 '어슬렁어슬렁 독서법'이다. 그는 잠이 오지 않거나 글을 쓰다가 생각이 잘 안 나면 서재로 간다. 그리고 그는 우리에 갇힌 짐승처럼 어슬렁거리면서 이 책 저 책을 뽑아 본다. 그러다가 우연히 기막힌 구절을 발견하면 절로 '악!' 소리가 난다고 한다. 머리를 쪼개는 한 문장을 만난 것이다. 이때는 십 억짜리 로또 복권 1등에 당첨되는 것보다 더 기쁘다고 한다. 그런 기쁨을 느끼는 데 필요한 조건이 있다. 평소에 늘 의문을 가져야 한다. 그래야 이런 구절이 눈에 띄는 것이다. 좋지 않은 표현이지만, '개 눈엔 똥만 보인다'는 것처럼 말이다. 그는 글 쓰는 사람은 항상 의문을 갖기 때문에 이런 구절이 보인다고 했다.

이어령 고수의 60년 글쓰기 인생

이어령 고수는 20대부터 지금까지 60여 년 동안 끊임없이 글을 썼다.

팔십을 훌쩍 넘긴 지금도 그는 여전히 글을 쓰고 있다. 그는 장르를 초월한 문필가다. 시, 소설, 수필, 평론, 칼럼 등 장르를 가리지 않는다. 그는 타고난 글쟁이다. 여섯 살 때부터 동화를 쓸 정도였다. 그의 이런 재능은 어머니로부터 물려받았다. 그는 이렇게 말한다. "다른 분야는 노력으로 되지만 창작 예술의 힘은 유전자로부터 나온다고 본다. 만약 내가 남보다 다른 글재주가 있다면 아마 어머니로부터 받은 능력이 아닌가 싶다." 이런 문학적 감수성을 타고난 그는 문필가로서 화려한 이력을 남겼다. 그에게는 재미난 일화가 많다.

첫째, 평론가 이력이다. 그는 서울대 문과 시절 〈우상의 파괴〉로 등단했다. 그가 쓴 〈우상의 파괴〉는 문단에 큰 파장을 일으켰다. 23세에 불과한 그가 당대 문단에서 신으로 군림하던 김동리 같은 대가들을 우상이라며 파괴해야 한다고 비판했기 때문이다. 그래서 〈우상의 파괴〉는 전설적인 제목이 됐다.

문단에 파문을 일으킨 〈우상의 파괴〉는 〈이상론(李箱論)〉에서 발단했다. 그 과정은 이렇다. 이어령이 서울대에서 학예부장을 할 때 '물리대학보'를 창간했다. 그는 여기에 작가 이상(李箱, 본명 김해경)의 작품을 분석하면서 〈이상론〉을 발표했다. 당시 시인 이상은 문단의 폐습 때문에 작가 축에도 들지 못하고, 미친 사람 정도로 취급받았다. 그런 현실을 간파한 이어령은 〈이상론〉에서 문단 권력을 비판했다. 그는 〈이상론〉을 발표한 이유를 이렇게 설명한다.

"문단 권력이 있는데, 이상 같은 사람이 신춘문예 같은 데 당선될 수 있겠어? 우상을 파괴하지 않으면 이상은 발굴될 수 없어. 인습의 벽, 우상의 벽 같은 낡은 시대의 성벽을 깨부숴야 했어요. 그걸 부수지 않고는 한 발자국도 나아갈 수 없었지. 〈우상의 파괴〉는 이런 문단 권력을 친 글이었지. 이상에 대한 애정이 우상의 파괴로 이어진 거예요." (〈주간조선〉 '이어령의 창조 이력서' 중에서)

그의 〈이상론〉이 문단에 알려지자 큰 화제가 됐다. 그 덕택에 이어령이란 이름도 문단에 쫙 퍼졌다. 어느 날 김규동 시인의 출판 기념회가 명동에서 열렸다. 이어령은 명동을 지나다가 우연히 그 기념회에 참석했다. 김규동이 그를 알아보고 시집을 평해 달라고 청했다. 그는 덕담 대신 신랄한 비판과 함께 문단의 거두들을 향해 독침을 날렸다. 그의 발언은 당시로서는 상상도 못 할 일이었다. 이 충격적인 사건은 순식간에 문단으로 퍼졌다.

이 소문이 당시 〈한국일보〉 문화부장이던 작가 한운사에게 들어갔다. 한운사는 그에게 그 발언의 요지를 신문에 내자고 했다. 그리하여 그의 평론이 1956년 5월 6일 〈우상의 파괴〉란 제목으로 한국일보 문화면에 실렸다. 당시 이어령은 자신이 대학생이기 때문에 신문에 나와 봤자 조그맣게 나올 것으로 생각했다. 그런데 〈한국일보〉는 문화면 전면에 실어버렸다. 정말 파격적인 일이었다. 그는 한 방에 유명 인사가 됐다. 특히 당시 작가라면 지금의 유명 스타 같은 존재라서 그는 문단은 물론이고 사회적으로 일약 스타가 돼버렸다. 당시 문단에서는 "〈우상의 파괴〉 읽어봤나?"라는 말이 인사말로 통할 정도였다.

이어령은 이렇게 화려하게 데뷔했다. 그가 〈이상론〉을 발표한 지 8개월 뒤였다. 등단한 이후에도 그는 '작품의 실존성'을 문제로 김동리와 논쟁을 벌이는가 하면, 조연현과도 '전통 논쟁'을 펼치면서 문단에서 젊은 기수로서 이름을 떨쳤다.

둘째, 칼럼니스트 이력이다. 그는 27세에 〈서울신문〉 논설위원으로 전격 발탁됐다. 오종식 사장이 신문 논조를 개혁하고자 1960년에 그를 특채한 것이다. 그가 발탁된 데는 〈우상의 파괴〉의 힘이 컸다. 오 사장이 그 글을 보고 감동했기 때문이다. 그러나 사내에서는 데뷔한 지 얼마 안 된 애송이가 발탁되자 반발이 심했다. 하지만 그는 '삼각주'라는 고정란을 만들어 칼럼니스트로 첫발을 내디뎠다.

그의 칼럼이 평판을 얻자 〈한국일보〉 장기영 사장이 1961년 그를 스카우트했고, 그는 '메아리'의 집필을 맡았다. 그리고 그는 1962년에 〈경향신문〉으로 옮겨 '여적'의 집필을 맡았다. 이준구 사장이 그를 논설위원으로 영입한 것이다.

이어령 고수는 〈경향신문〉이 매각되자 1965년 창간하는 〈중앙일보〉로 옮겨 '분수대'의 집필을 맡았다. 그런 다음 그는 〈조선일보〉로 옮겨 1966년부터 1971년까지 '만물상'의 집필을 맡았다. 그런 다음 1971년 다시 〈경향신문〉으로 돌아와 '여적'의 집필을 맡았다. 하지만 얼마 가지 못했다. 1972년 10월 군사정부는 유신체제를 선포하고 언론을 사전 검열했다. '여적'도 제멋대로 첨삭돼 너덜너덜해졌다. 그는 차라리 붓을 꺾는 게 낫겠다고 생각하고 1973년 2월 파리특파원으로 떠났다. 특파원 6개월을 마치고 귀국한 후 그는 〈경향신문〉을 그만두면서 십여 년간의 언론인으로서의 삶에 종지부를 찍었다.

셋째, 작가와 시인 이력이다. 이어령 고수는 60여 년 동안 200여 권의 책을 냈다. 편저와 공저를 빼고도 그의 저작은 60권에 이른다. 1년에 한 권씩 책을 쓴 셈이다. 그가 수많은 대외 활동을 하면서도 200여 권의 책을 내는 게 물리적으로 가능한지 의문이 생긴다. 하지만 그는 가능하다고 했다. 그 비결은 저녁 시간을 최대로 활용하기 때문이다. 그는 불가피한 경우를 제외하고 저녁 약속을 잡지 않는다. 저녁 6시면 집에 와 책을 읽거나 글을 쓴다. 그리고 새벽 5시면 일어나 글을 쓴다. 그가 책을 많이 내는 이유는 3분의 1은 청탁을 거절하지 못해서, 3분의 1은 의무감에서, 나머지 3분의 1은 기침처럼 안에서 터져 나오는 글쓰기의 욕망을 주체하지 못해서 쓰기 때문이다.

더 중요한 것은 그는 책을 내고 글을 쓰는 것이 행복하므로 그렇게 한다는 것이다. 그는 어릴 때부터 문필가가 되겠다고 생각했는데, 원하던 문필가의 삶을 평생 살고 있으니 행복하다고 한다. 심지어 그는 글쓰고 생각하는 게 쉬는 거란다.

그는 수많은 수필을 썼다. 그중에서 《흙 속에 저 바람 속에》와 《축소 지향의 일본인》이 유명하다. 《흙 속에 저 바람 속에》는 1963년 8월 12일부터 10월 24일까지 〈경향신문〉에 연재된 글을 묶어 책으로 낸 것이다. 이 책은 '한국 문명론'의 시금석 같은 책이라고 평가받고 있다. 이 책은 우리에게 친근한 윷놀이, 한복, 숭늉 등의 소재를 끌어들여 한국인과 한국 문화의 장점을 파헤쳤다. 이게 베스트셀러가 되었고, 나아가 밀리언셀러가 됐다.

이 책은 6개 국어로 번역돼 해외에서도 주목을 받았다. 중국의 철학자 임어당은 이 책을 읽고 이어령 고수를 아시아의 빛나는 거성이라고 평했다. 미국 컬럼비아대학교에서는 이 책을 동양학 연구 교과서로 쓰고 있다. 일본의 문화 인류학자 다다 미치오 교수는 이 책을 가장 감동을 준 세 권의 책 가운데 한 권으로 꼽았다.

그리고 《축소 지향의 일본인》도 한국과 일본에서 모두 베스트셀러를 기록했다. 이 책은 일본문화 비평서다. 그는 일본의 역사·문화와 국민성을 치밀한 시각으로 일본인보다 더 날카롭게 분석했다. 이 책은 출간 이후 35년이 넘도록 여전히 인기를 누리고 있고, 한국 책으로는 처음 외국 베스트셀러 목록에 오르기도 했다.

그의 소설은 수필에 비해 잘 알려지지 않았다. 그가 1966년에 처녀작으로 쓴 중편소설 《장군의 수염》은 순수문학에 추리소설 형식을 도입한 작품으로, 우리 현대사에서 전개된 부조리한 사회상을 희화한 소설이다. 이 원작을 1968년 이성구 감독이 영화로 만들어 10만 관객을 동원했다. 이 영화는 〈The General's Beard〉란 제목으로 영미권에 소개되기도 했다. 그리고 소설집으로 《의상과 나신》, 《환각의 다리》, 《둥지 속의 날개》, 《무익조》가 있다.

이어령 고수는 시인이 꿈이었다. 그러나 시는 아껴두었다가 등단 50년을 맞는 72세에 시인으로 데뷔했다. 그는 지금까지 써놓은 시를 모아 2016년 첫 시집 《어느 무신론자의 기도》를 냈다. 이 시집에는 서울대 1학년 때 학보에 발표한 시부터 가장 최근에 쓴 시까지 모두 70편이 실려 있다. 그러니까 20대부터 80대까지 그의 상상력과 감수성을 엿볼수 있는 시집이다.

이렇게 그는 평생에 걸쳐 글을 쓰는 데 열정을 쏟았다. 지금 팔십을 넘긴 나이에도 집필은 여전히 왕성하다. 그는 2015년에만 다섯 권의 책을 냈고, 지금도 '한국인 이야기' 시리즈를 집필 중이다. 이를 보면 글을 쓰겠다는 열정만큼은 누구보다도 강한 듯하다. 그는 《지성에서 영성으로》에서 자신은 "죽는 날까지 끝을 쓸 것"이라며 "다 쓴 치약 튜브를 짜내고 또 짜내듯 가슴의 주름이나 머리 한구석에 남아 있을지도 모를 그 느낌과 생각들을 짜낼 것"이라고 밝혔다.

하지만 세월은 거스를 수 없는 모양이다. 그는 몇 차례 수술을 받았다. 지금은 암과 투병 중이다. 그래서 컴퓨터 여섯 대로 집필하던 디지털 달인이 글쓰기 도우미를 고용했다. 계속 집필하기 위해서다.

이어령 고수의 서재는 '100년 서재'다

이어령 고수의 서재는 서울 평창동에 있는 영인문학관에 있다. 그 서재를 '100년 서재'라 부른다. 이유는 서재에 광복 70년과 미래 30년, 즉 대한민국의 100년이 꽂혀 있기 때문이다. 영인문학관(寧仁文學館)은 이어령·강인숙 부부가 사재를 털어 2001년에 설립한 사설 문학박물관이다. 박물관 이름은 부부 이름 중 '寧'자와 '仁'자를 따서 지었다. 관장은 부인 강인숙 건국대 명예 교수가 맡고 있다. 영인문학관은 총 4개 층인데 지하 1, 2층은 박물관으로, 지상 1층은 자택, 2층은 서재로 사용하고 있다.

서재의 실내 장식은 이어령 고수가 직접 디자인했다. 서고, 책장, 책상, 소파, 테이블, 카펫까지 직접 챙겼다. 서고는 이어령 고수가 설계하고 문화재 보수 전문 목수가 제작했다. 특히 서고의 책장을 열두 칸 미닫이문으로 가린 이유가 재미있다. 그는 "집에 문인들이 자주 오는데 혹시라도 이 서고에 자신의 책이 꽂혀 있지 않으면 서운해할 것 같아 가렸다"라고 했다.

책장에는 수만 권의 책이 천장까지 가득 차 있다. 다양한 책이 장관을 이룬다. 장서는 세월의 흔적을 고스란히 간직한 곰팡내 나는 책부터 인공지능 책까지 있다. 정말 100년 서재답다. 1952년 노벨문학상을 받은 프랑스 작가 프랑수아 모리아크가 이어령 고수 이름을 직접 써준 책도 있다.

그 많은 책을 그는 어떻게 분류하고 있을까? 그는 처음에는 도서관식 분류법을 따랐다. 그러나 책이 많아지자 그 방식이 오히려 불편했다. 그래서 자신만의 방법을 찾았다. 이를테면 책을 시간별·국가별·장르별·콘텐츠별로 구분했다. 그렇게 분류해 놓으니 찾기가 쉬웠다. 예를 들어 '영국의 배에 관한 문학'을 찾고 싶으면 'E(England)/N(Novel)/S(Sea)' 분류를 찾으면 된다. 그리고 사전과 신간은 바로 볼 수 있도록 책상에서 가장 가까운 곳에 배치했다. 그의 책상 옆 책장에는 각국 언어 사전, 20세기 문화사전, 상징 사전, 기호학 사전 등 수십 권의 사전과 신간 서적이 꽂혀 있다.

서재에만 책이 있는 게 아니다. 그의 손이 닿는 곳이면 어디든 책이 있다. 그는 "책은 돈과 같아서 비상금처럼 항상 급하게 꺼내 볼 수 있는 전집류와 사전류가 있는가 하면, 매일 필요한 버스비(費)처럼 늘 곁에 두고 읽는 책도 있다"라고 했다. 그의 필로 북(pillow book, 머리맡에 두는 책)은 보들레르의 시집, 릴케의 《말테의 수기》, 알베르 카뮈의 《시지푸스의 신화》 등이다.

그에게는 또 다른 서재가 있다. 바로 '사이버 서재'다. 그는 서재의 책을 사이버 서재에 따로 저장해 놓았다. 그리고 새 책이 도착하면 스캔하여 저장해 둔다. 그뿐 아니라 전자책도 그의 사이버 서재 역할을 한다. 그는 인터넷으로 고전을 수천 권씩 내려받아 읽는다. 그는 아이북스(애플의 전자책 앱), 아마존 킨들(전자책 리더)로 고전을 읽는다. 그는 아마존 킨들 두 대를 각각 일어와 영어 원서를 읽는 전용으로 쓰고 있다.

게다가 홈페이지도 그의 사이버 서재라 할 수 있다. 그는 '구텐베르

194

크 홈페이지(www.gutenberg.org)'를 자주 들른다. 이 사이트에는 동서 고금의 고전 1만3천여 권이 전자책 형태로 들어 있다. 그는 갑자기 원문이 필요할 때 바로 여기에 들러 문장을 가져온다.

그의 서재를 보면 두 번 놀란다. 장서에 한 번 놀라고 집필실의 디지털 기기에 또 놀란다. 그의 집필실은 팔십을 넘긴 노인의 집필실로 보이지 않는다. 첨단 디지털 기기를 갖춰놓고 사용하기 때문이다. 《에디톨로지》의 저자 김정운 교수도 이어령 고수의 집필실을 보고 혀를 내두른다. 김 교수는 "이어령 선생님을 보면 부럽다, 80대의 나이에도 얼리어답터(early adopter) 같다, 80세가 넘는 어른한테 디지털 지식이 상대되지 않는 것이 너무너무 상처가 된다"라고 했다.

그의 집필실은 마치 증권가를 연상케 한다. 3미터가 넘는 책상 위에 6대의 컴퓨터와 각종 모바일 기기가 놓여 있다. 그는 7대의 컴퓨터를 '일곱 마리 고양이(CAT)'라 부른다. 컴퓨터로 설계하는 것을 캐드(CAD, Computer Aided Design)라고 하듯이 생각을 도와주는 컴퓨터라는 'Computer Aided Thinking'의 첫 글자를 따서 CAT, 즉 고양이라고 한 것이다. 말이 된다. 그런데 책상 위에는 6대밖에 없다. 1대는 침실에 있는 노트북이다. 그는 이를 '작은 고양이'라 부른다. 데스크톱 PC 3대는 읽고 쓰는 데 사용하고, 나머지 3대는 동영상 편집이나 그림을 합성하는 데 사용한다. 작은 고양이 노트북으로는 잠자리에서 전자책을 읽거나 메일을 보내고 메모도 한다. 7대의 PC는 서로 연동된다. 그뿐만 아니다. '새끼 고양이'도 있다. 책상 맞은편 안락의자 옆에는 아이패드, 갤럭시 노트, 킨들 같은 모바일 기기들이 있는데, 이것들이 새끼 고양이다.

그리고 그는 두 대의 스캐너로 책을 읽다가 중요한 부분을 스캔해 저장한다. 또 그는 스마트폰의 '캠 스캐너'라는 앱을 사용하여 언제든지 책의 한 부분을 발췌해 PDF 파일로 저장한다. 이렇게 보관한 파일이 에버노트(Evernote)에 1만8000개나 있다. 또한, 그는 아이패드 프로를 스마트 키보드용으로 쓴다.

더욱 놀라운 점은 펜컴퓨터(스웨덴 아노토사가 만든 자동전자펜)를 사용한다는 것이다. 필자를 비롯한 대부분은 이런 게 있는지조차 모른다. 펜컴퓨터는 펜글씨를 읽고 입력하는 기능이 있다. 즉 펜으로 쓴 손 글씨에 펜컴퓨터를 갖다 대면 자동으로 소리 내 읽으면서 써놓은 글이 컴퓨터에 바로 입력된다. 놀라지 않을 수 없다. 그는 집필 환경에 대해 이렇게 자부한다.

"내 생각이 더딘 것이지 생각을 표현하는 수단은 거의 완벽하게 작업 환경이 돼 있다. 세계에서 나처럼 철저하게 동영상, 그림 등 모든 것을 할 수 있도록 작업 환경을 구성해놓고 글을 쓰는 문인은 없을 것이다." (KBS2TV 〈오늘, 미래를 만나다〉 강연 중에서)

이어령 고수는 디지털 고수이기도 하다. 그는 워드프로세서로 집필한 한국 문인 1호다. 그가 가장 자랑스럽게 여기는 것은 자료를 검색·

수집·정리할 수 있는 다양한 프로그램을 자유롭게 다루는 능력이다. 예를 들면 '디스크 키퍼'로 하드웨어를 관리하고, '골든 섹션'과 '겟 인투'로 파일 자료를 관리한다. 또 '웨얼이즈잇' 검색 프로그램으로 자료를 순식간에 찾는다. 게다가 '스마트 싱크프로' 프로그램으로 집 안에 있는 모든 컴퓨터의 자료를 연동시킨다. 그는 거의 컴퓨터 프로그램 전문가다. 그가 창조적인 석학이 될 수 있었던 비결은 젊은이들도 따라갈 수 없는 IT 기기 활용 능력에 있었다.

이어령 고수의 '내 인생의 책'

앞에서도 언급했지만, 이어령 고수는 책을 추천하는 것을 꺼린다. 책은 친구처럼 만나야 하기 때문이다. 그래서 여기서는 이어령 고수에게 영향을 준 '내 인생의 책'을 소개한다.

《진달래꽃》, 김소월

그는 이 시집이 자신의 문학이 시작된 지점이라고 했다. 그는 김소월의 시에는 잊힌 '한국인의 토착어'가 살아 있고, 한국인의 잠재의식 속에 숨어 있는 '문화적 심성 구조'가 녹아 있다고 한다. 예를 들면 〈엄마야 누나야 강변 살자〉라는 시를 보면 알 수 있다. 왜 남성인 '아빠야 형이야'가 아니고 여성인 '엄마야 누나야'라고 했을까? 이는 시적 화자인 어린이가 엄마나 누나와 함께 살고 싶어 하는 강변은 여성적 공간이기 때문이라는 것이다. 즉, 이런 표현은 '한국인의 무의식에 잠복해 있는 문화적 심성 구조' 때문에 나온 거라고 한다.

또 하나 짚고 넘어가야 할 것은 김소월 시에는 모순이 서로 대립하지 않고 융합하고 있다는 점이다. 예를 들어 〈진달래꽃〉에는 지극한 사랑의 기쁨과 이별의 아픔이 역설적으로 통합돼 있다. 이는 '한국인의 상상력과 어법은 항상 대립하는 것을 융합'시키기 때문이다. 이런 융합적인 사고가 한국인의 '문화적 심성 구조'다. 그래서 이어령 고수는 김소월 시집이 "한국인의 문화적 원형이고 내 문학의 기점이다"라고 말한다. 그러면서 김소월의 시를 껍질만 핥지 말고 껍질을 깨뜨려 그 안에 있는 소월이라는 호두를 맛보라고 조언한다.

《카라마조프 가의 형제들》, 도스토예프스키

이 책은 그가 유일하게 세 번 읽은 소설이다. 첫 번째는 중학생 때 형들이 읽다가 밀쳐놓은 일본어판이었다. 두 번째는 대학 시절 영문판으로 읽었다. 세 번째는 세례를 받고 기독교인이 된 후에 읽었다. 읽은 시기가 다른 만큼 소설에서 얻는 영감도 각각 달랐다. 독자의 지식과 경험 정도에 따라 책에서 느끼는 것이 다르기 때문이다.

중학생 때는 깊은 뜻을 모르고 마치 추리소설처럼 읽었다. 대학 시절 한국 전쟁의 참상을 겪은 다음 읽을 때는 타자와의 싸움보다 피를 나눈 가족 간의 싸움이 더 무섭다는 것을 느꼈다. 그리고 기독교인이 되어 읽을 때는 수도원에서 신앙의 길을 걷는 셋째 아들 알료샤에게 매력을 느꼈다. 그는 주인공 알료샤로부터 지성과 영성은 서로 대립하지 않는다는 것을 깨달았다. 다시 말해 지성은 의문에서 나오고 영성은 감동에서 나온다. 지성적 회의에서 생겨나는 고통을 해결하려는 마음이 영성을 찾게 만든다는 깨달음이었다. 이 소설은 절망에서 벗어나 한발 더 나아가려는 이들에게 희망을 준다. 그런 의미에서 그는 《카라마조프 가의 형제들》은 죽지 않는 고전이라 했다.

《생체모방》, 재닌 M 베니어스, 시스테마

이어령 고수는 생명 자본주의를 주창했다. 그래서 그에게는 이 책이 교과서와 같은 책이다. 왜냐하면, 이 책은 자연을 배우면 생명과 환경을 위협하는 과학기술을 자연 친화적인 생체모방 기술로 혁신할 수 있다는 것을 보여주기 때문이다. 다시 말해 이 책의 핵심 메시지가 자연에서 배워야 한다는 것이므로 그가 주창한 생명 자본주의와 맥을 같이하는 것이다.

자연에는 3억8천만 년 동안 진화해온 생명의 지혜가 축적돼 있다. 그러니 인간의 머리로는 생각할 수 없는 것이 자연이다. 아무리 과학이 발달했다 해도 근대 과학의 역사는 고작 300년 정도밖에 안 된다. 그런 근대 과학기술은 자연이 가진 생명의 지혜에 미치지 못한다. 그래서 인간은 자연으로부터 생체모방을 배워야 한다. 이게 그가 이 책에 관심을 가진 이유다.

물리학자 정재승
독서가 쾌락이 돼야 평생 읽을 수 있다

"독서는 시행착오를 통해 자신의 방식을 찾아가는 과정이다.
서점에서 여러 책을 읽으며 길도 잃어봐야 '내가 좋아하는 책은 이런 분야구나'를
스스로 알아갈 수 있다. 그런 과정이 독서라는 거다."
– 정재승 –

젊은 과학자 정재승 교수

정재승 교수는 뇌를 연구하는 복잡계 물리학자다. 그는 베스트셀러 작가, 칼럼니스트, 강연가, 방송인으로 활동하는, 현재 가장 주목할 만한 과학자다. 또한, 그는 다보스포럼이 선정한 '차세대 글로벌 리더'다. 그는 우리 사회에서 보기 드문 '통섭형 인간'이다. 그는 과학, 예술, 인문학 세 분야를 자유로이 오가면서, '과학의 눈으로 본 예술', '인문학의 눈으로 본 과학' 등 다양한 하이브리드(서로 다른 성질을 가진 요소를 둘 이상 뒤섞음)를 창출해 내고 있다. 이런 정 교수는 대단한 독서 고수이기도 하다.

초등학생 때부터 과학자의 꿈을 꾸고, 과학자의 길을 걷다

정재승 고수는 초등학교 5학년 때부터 과학자의 꿈을 키웠다. 그는 어떻게 그런 꿈을 갖게 되었을까? 사람들은 대부분 그런 꿈을 가지려면 거창한 책을 읽고 감동했을 것이라 짐작한다. 이를테면 하이젠베르크의 《부분과 전체》 또는 스티븐 와인버그의 《처음 3분간》 같은 책 말이다. 하지만 그는 그런 거창한 책을 읽지 않았다. 그에게 과학자의 꿈을 갖도록 해준 책은 어머니가 생일 선물로 준 《수학 사전》이었다. 그 책 첫 장에는 "우리 재승이가 이 책을 평생 흥미롭게 읽기를 바라며, 1983년 5월 엄마가"라고 쓰여 있다. 그의 어머니는 아들이 과학자가 되길 바랐던 모양이다. 그런데 모자간에 마음이 통했다. 정재승은 이 책을 선물 받고 나서 과학자의 길이 곧 자신의 길임을 직감적으로 느꼈다.

선물 받은 《수학 사전》에는 재미있는 이야기나 그림이 없다. 거기엔 삼각함수부터 미적분 같은 기호만 잔뜩 들어 있어 초등학교 5학년이 읽기는 버거운 책이다. 그런데도 정재승은 《수학 사전》에 빠졌다. 그는 《수학 사전》을 항상 끼고 다니면서 뒤적거렸다. 얼마나 많이 봤던지 책이 너덜너덜하게 될 정도였다. 그는 당시 《수학 사전》을 읽은 기억을 〈씨네 21〉과의 인터뷰에서 밝혔다.

"일요일에 '전국노래자랑' 같은 프로를 하고 있으면 저는 뒹굴며 《수학 사전》을 봤죠. 그러다 어느 순간 일상과 수학이 맞물리는 경험을 하는 거예요. 예컨대 피보나치수열(앞선 두 항의 값이 다음 항의 값과 일치하는 수열)의 존재를 알게 됐는데, 생물 시간에 꽃잎의 개수가 그 수열에 맞게 난다는 걸 배우고 나서 자연이 그냥 만들어진 것이 아니라고 경탄하는 거죠."

정재승은 중학교 1학년 때 과학자가 되겠다고 결심했다. 결심을 이끈 것은 선생님이 건네준 〈뉴턴 과학 동화〉라는 과학 잡지였다. 선생님이 특별히 정재승에게만 잡지를 주면서 과제를 내줬다. 선생님은 그에게 잡지를 읽고 제일 재미있는 부분을 요약하고, 이런 과학기술이 우리 사회에 미칠 영향을 글로 써보라고 했다. 재승은 이 숙제를 3년 동안 했다. 어릴 때는 자기에게만 관심을 보이면 왠지 특별하다는 우월감을 느낀다. 당시 정재승도 그런 마음에서 선생님의 숙제를 기쁜 마음으로 했다. 그런 과정이 과학에 더 관심을 두게 했고, 결국 과학자가 되겠다는 결심을 하게 만들었다.

정재성은 어릴 적 과학자라는 직업이 멋있다고 생각했다. 그는 어째서 과학자를 멋있게 보았을까? 과학자는 인간의 근본적인 질문에 답할 수 있기 때문이다. 인간은 '내가 어떤 존재이고 나를 둘러싼 우주가 무엇인가?'에 대한 의문을 갖는다. 이런 질문에 보통 사람들은 먹고살기 바빠서 관심 없이 산다. 그러나 과학자는 다르다. 과학자는 이런 질문에 답할 수 있는 우주의 기원과 생명의 잉태 같은 것을 평생 탐구하며 살 수 있다. 그는 이 때문에 과학자가 멋있게 보였고, 이런 직업을 갖는다면 굉장히 근사한 인생일 것이라고 생각했다. 정재승 고수가 어릴 적부터 이런 이치를 깨달았다니, 과학자가 된 것은 운명인지도 모른다.

모범생이 한때 삐딱선(線)을 타다

정재승 고수는 학창 시절 모범생이었다. 그야말로 그는 학교 시스템에 충실한 '범생이'였다. 그는 대학을 졸업할 때까지 술, 담배도 하지 않고 커피조차 마시지 않는 교과서적인 삶을 살았다. 그는 학생들이 자주 가는 오락실도 대학 4학년 때 처음 갈 정도였다. 그런데 정재승은 자기가 특별한 범생이라는 것을 몰랐다. 모두가 자기처럼 모범적으로 생활하는 줄만 알았다.

하지만 그는 공부와 책을 읽는 데는 청개구리 기질이 있었다. 과학고에 다닐 때는 제일 잘하는 과목이 수학이나 과학이 아니라 국어와 음악이었다. KAIST에 다닐 때는 과학책보다 다른 분야 책을 훨씬 더 많이 봤다. 그는 방학 때면 독서 목록을 만들어 아예 도서관에서 살았다. 이렇게 살다 보니 그는 세상 물정에 어두웠다.

그러다가 그는 대학 4학년 때 실연을 겪었다. 실연의 원인은 천체물리학이었다. 여자 친구가 "천체물리학을 공부해서 어떻게 취직을 하느냐?"며 결별을 선언했다. 정말 충격이었다. 그는 그녀를 통해 새로운 것을 깨달았다. 자신이 귀하게 여기는 학문도 다른 사람에게는 하찮게 여겨질 수 있다는 사실을.

실연의 골은 깊었다. 보통 사람이라면 쉽게 넘어갈 수 있었을 텐데 세상 물정 모르던 그에겐 큰 충격이었다. 세상이 자신을 배반한 것 같았다. 그래서 그는 사회에 대한 강한 저항감과 분노를 느꼈다. 그러고는 막살아 보자는 생각으로 삐딱선을 타기 시작했다. 그 뒤로 대학원 3년 동안 방황했다. 그러면서 연구 분야를 천체물리학에서 복잡계 물리학으로 바꾸었다. 그리고 뇌를 연구하는 과학자가 되겠다고 선언했다. 정재승은 실연을 겪은 다음 방황의 기간을 거쳐 결국 지금의 전공을 찾게 된 것이다.

정재승 고수의 독서 습관

정재승 고수는 대단한 독서가다. 그는 어떻게 독서 습관을 만들었을까? 그는 책이 가득한 서점이나 서재에 가면 심장이 뛰고 마음이 설렌다고 한다. 책을 통해 다른 시대에 살고, 다른 경험을 한 사람들의 삶을 엿볼 수 있기 때문이다. 그래서 그는 책에 파묻히는 시간을 즐긴다. 그게 독서 습관으로 자리 잡았다. 그럼 그가 어떻게 책을 읽어왔는지 어릴 적부터 추적해 보자.

어릴 적 정재승은 책 읽는 것보다 노는 걸 좋아했다. 그는 해가 질 때까지 골목에서 야구를 하고 장난치며 시간을 보냈다. 그런데도 부모님은 정재승에게 책 읽으라는 말을 하지 않았다. 그래서 그는 책을 안 봐도 되는 줄 알았다고 한다. 하지만 부모님은 시간만 나면 책을 읽었다.

그런 부모님을 보면서 정재승은 책에는 뭔가 특별한 게 있다고 생각했다. 그 뒤로 정재승은 집에서 백과사전을 보기 시작했다. 일요일 오후면 그는 어김없이 백과사전을 펼쳤다. 그는 백과사전을 보면서 새로운 단어와 개념을 배우고 역사적 인물을 한 명씩 알아갔다. 그가 초등학교 시절부터 과학자의 꿈을 키우게 된 것도 백과사전의 영향이 크다. 백과사전 안에 담긴 우주와 자연의 경이로움에 감동했기 때문이다. 정재승은 자기를 키운 건 8할이 백과사전이라고 했다.

정재승 고수에겐 어릴 적 백과사전에 대한 추억이 있다. 그는 친구 집 서재에 꽂혀 있던 《브리태니커 백과사전》을 보고 부러워했다. 친구 아버지가 교수여서 친구 집 서재에는 《브리태니커 백과사전》이 책장을 가득 메우고 있었다. 정재승은 그게 그렇게도 부러웠다. 그는 친구 집에 갈 때마다 몰래 서재에 들어가 백과사전을 들춰봤다. 거기에는 난생처음 보는 신기한 지식의 세계가 담겨 있었다. 정재승은 이런 게 어른들의 세계인가 싶었다. 그러면서 어린 정재승은 언젠가 어른들의 세계, 즉 진리의 세계를 밝혀보고 싶었다.

정재승이 태어나서 가장 많이 본 책은 《동물도감》이다. 《동물도감》을 얼마나 많이 봤던지 표지가 떨어져 나갔고, 책 가장자리도 닳아서 너덜너덜해졌다. 그 정도로 많이 봤기 때문에 정재승은 내용을 거의 암기했다. 앞장을 볼 때 뒷장의 내용이 훤히 그려질 정도였다. 그는 《동물도감》을 통해 관찰력을 키웠다. 그는 도감에 나오는 동물들을 세심하게 관찰했다. 예컨대 그는 거미·사마귀·전갈의 다리가 몇 개인지, 촉수가 있는지를 살폈다. 이런 관찰력은 그가 과학자의 자질을 갖추는 기반이 됐다. 이런 경험 때문인지 그는 기회가 있을 때마다 아이들에게 《동물도감》을 탐독하길 권한다.

정재승이 책 읽는 재미를 알기 시작한 때는 고등학교 시절이었다. 숨막히는 과학고 시절, 학교 도서관이 그를 살렸다. 알다시피 과학고는 숨 막힐 정도로 학습량이 많다. 게다가 기숙사 생활까지 한다. 그가 다닌 경기과학고는 수원시 송죽동 산 중턱에 자리 잡고 있어 학생들은 기숙사를 사찰에 빗대어 '송죽사'라고 불렀다. 얼마나 숨 막히는 생활이었는지 짐작된다. 그런 분위기 속에서 어느 날 그는 공부에 답답함을 느꼈다. 그때 그에게 학교 도서관에서 책을 정리하는 일이 맡겨졌다. 그는 책을 읽으며 막힌 숨통을 틔웠고 책 읽는 재미를 알았다.

정재승은 그때부터 문학책을 읽기 시작했는데, 알베르 카뮈의 《이방인》에 꽂히고 말았다. 그 뒤로 독서에 흥미를 느껴 그는 도서관에 있는 책을 다 읽겠다는 마음으로 읽어 나갔다. 그는 수학과 과학책은 일부러 피하고 문학이나 철학책을 읽었다. 정재승은 문학과 철학책을 읽으면서 내용은 다 이해하지 못하지만, 그것을 읽고 있는 자신이 멋지다고 생각했다. 당장 앞에 닥친 시험을 대비하거나 대학을 가려고 공부하기보다 문학과 철학책을 읽으면서, 인간으로 태어나 추구해야 하는 문제를 탐구하고 있는 자신이 대견스럽게 느껴진 것이다. 이런 맛으로 그는 책을 계속 읽어 나갔다.

정재승은 대학에 들어가서 좀 더 구체적으로 책을 읽었다. 그는 자신이 평생 추구할 가치를 도서관에서 찾고자 했다. 그래서 그는 도서관에 있는 책을 다 읽고 졸업한다는 목표까지 세웠다. 그는 도서관에서 책을 가장 많이 대출한 학생이 됐다. 그는 방학 때면 아예 도서관에서 살다시피 했다. 그러면서 그는 읽어야 할 책 목록을 만들어 놓고 읽을 때마다 하나씩 지워나갔다. 이때 읽은 책도 주로 문학과 철학책이었다. 대부분의 KAIST 학생이 전공 서적을 주로 보지만, 그는 달랐다. 그래서 그는 친구들이나 주변 사람들로부터 눈총을 받기도 했다. 지금 와서 돌아보면 그때 읽은 책들이 오히려 전공 서적보다 과학자가 되는 데 더 많은 도움을 줬다.

정재승은 대학원 시절부터 책 읽기를 본격화했다. 그 뒤로 그는 10년 동안 2만 권을 읽을 정도로 책에 깊이 빠졌다. 지금도 그는 누구보다 책을 많이 소장하고 싶어 하고, 그 책을 완전히 알고 싶어 한다. 이런 마음이 그에게 책을 많이, 그리고 오래 읽게 한 것이다. 또한, 그가 저술 · 방송 · 강연을 통해 다양한 지식을 대중에게 전해줄 수 있는 것도 독서 습관 덕택이다.

정재승 고수가 즐겨 읽는 책은 삶의 부분을 과학의 눈으로 보고 새로운 통찰력을 갖게 하는 저자들이 쓴 책이다. 즉, 말콤 글래드웰, 톰 밴더빌트, 조나 레러 같은 작가들이 쓴 책이다. 말콤 글래드웰은 《블링크》, 《아웃라이어》를 썼고, 톰 밴더빌트는 《트래픽》의 저자다. 그리고 조나 레러는 뇌에 관한 뛰어난 통찰력을 보여주는 저자다. 그가 이런 저자들이 쓴 책을 즐겨 읽는 이유는 그들은 각 분야에서 전문적인 지식을 갖고 있을 뿐만 아니라 평소 익숙하게 알고 있던 것들을 새롭게 볼 수 있는 안목을 길러 주기 때문이다. 그는 자기도 그런 작가들처럼 되고 싶어 한다. 그는 많은 사람이 어렵게 여기는 과학을 이해하기 쉽게 책으로 쓰는 과학자가 되고 싶은 것이다. 이것은 과학을 쉽게 알리고 싶은 그의 사명감에서 나온 것이다.

정재승 고수의 독서법

정재승 고수의 독서법은 세 가지로 요약할 수 있다. 정독과 속독, 재독, 연결형 독서다. 그는 이런 독서법을 어릴 적부터 수많은 책을 읽으면서 터득했다.

첫째, 정독과 속독이다.

정재승 고수는 정독과 속독을 병행한다. 책을 읽으면서 정독할 책과 속독할 책을 가려낸다. 정독할 책은 천천히 깊게 읽고, 속독할 책은 빠르게 어떤 내용인지만 파악한다. 속독으로는 보통 두세 시간 만에 한 권을 읽는다. 그는 정독으로 일주일에 한 권 정도, 속독으로 한 달에 50권 정도 읽는다. 정독과 속독을 병행하면서 정독이 주는 즐거움도 맛보고 속독하는 보람도 느낀다. 그는 예전에는 정독의 즐거움이 훨씬 컸으나, 지금은 속독하면서 더 큰 보람을 느낀다고 한다. 속독은 책의 필요한 부분을 골라 기억하는 실용 독서이기 때문이다.

그는 어떻게 정독과 속독을 병행할까? 우선 속독을 한다. 속독하면서 정독할 책을 골라낸다. 속독하다 보면 깊이 읽어야 할 책을 발견하게 된다. 이런 책은 따로 추려서 별도 시간을 내 집중해서 꼼꼼하게 읽는다. 필요하면 여러 차례 반복해서 읽기도 한다. 이런 책은 많지 않다. 그 외 상당수의 책은 속독으로 끝낸다. 이런 책은 모든 내용을 다 읽지 않고 필요한 부분만 골라 읽는다. 중복되는 내용과 이미 알고 있는 내용이 많기 때문이다. 그러므로 모든 책을 정독할 필요는 없다. 정재승 고수처럼 정독과 속독을 병행하는 게 효율적인 독서법이다.

둘째, 재독(再讀)이다.

정재승 고수는 재독을 강조한다. 그는 되새김질하듯 다시 읽기를 권한다. 사람의 기억은 시간이 지날수록 희미해진다. 독서도 마찬가지다. 읽은 내용은 시간이 지날수록 기억이 안 난다. 통계에 따르면 사람은 독서 후 1년이 지나면 내용의 95퍼센트를 잊어버리고 겨우 5퍼센트만 기억한다. 소설을 읽고도 주인공 이름은커녕 줄거리조차 생각이 안 날 때가 많다. 그래서 그는 재독을 강조한다.

책을 읽었다고 해서 모두 기억할 수는 없다. 심지어 많은 시간을 투자해 정독했어도 모두 이해하거나 기억하는 것도 아니다. 그래서 그는 "책이라는 것은 거대한 무덤이어서 자주 가서 펼쳐보고, 봤던 책이라도 다시 훑어보고, '이런 게 있었지, 그때 내가 여기다 밑줄을 쳤지', 이렇게 계속 되새김질을 하는 시간이 필요한 것"이라고 말한다. 그는 중요하다고 생각되는 책은 가까이 두고 수시로 펼쳐본다. 그는 서재를 자주 배회하면서 많은 책을 뒤적거린다. 이게 모두 재독을 위해서다.

셋째, 연결형 독서다.

정재승 고수는 연결형 독서를 한다. 책과 책을 연결해 가면서 읽는 방법이다. 다시 말해 책과 책의 연결 고리를 찾는 것이다. 그는 책과 책 사이의 관계에 관심을 많이 가진다. 예를 들어 어떤 책이 있다고 하자. 이 책은 그전에 나온 책의 내용을 반박하거나 혹은 지지하는 책일 수 있다. 그렇다면 이 책은 이전 책과 연결 지어 읽을 수 있다. 이렇게 책과의 관계를 따라가며 계속 읽어 나가는 방식이 연결형 독서다. 그는 연결형 독서를 하면 책 읽기가 즐겁고 행복하단다. 그는 "이 책을 읽으면 다음 책을 뭘 읽어야 하는지 알 수 있고, 이렇게 하다 보면 읽어야 할 책 리스트가 늘어나고, 그중에 어떤 걸 읽어야 할지 고민하는 시간이 굉장히 행복하다"라고 했다.

연결형 독서는 한 작가가 쓴 책이 연결되기도 하고, 다른 작가의 책이 연결되기도 한다. 작가들은 자기의 이상이나 주장을 시리즈로 내는 경우가 많다. 이런 경우에는 같은 작가의 책을 따라가며 읽게 된다. 예컨대 짐 콜린스는 《좋은 기업을 넘어 위대한 기업으로》, 《위대한 기업은 다 어디로 갔을까?》라는 책을 이어서 냈다. 이 책들은 제목은 다르지만 모두 '위대한 기업'이라는 주제를 다루는 연결된 책이다. 이런 책을 연결해서 읽는 것이다. 이처럼 한 작가의 책을 연결해 읽다 보면 그

작가에게 마음이 끌린다. 그러면 자연스럽게 '전작주의' 읽기로 이어진다. 전작주의란 특정 작가의 책을 전부 읽는 것을 말한다. 이 독서법은 널리 알려져 있고 독서 고수들이 추천하는 방법이다.

또한, 같은 주제를 놓고 저자마다 다른 주장을 하는 경우도 많다. 이런 경우에는 반대되는 주장도 읽어야 한다. 그러지 않으면 편견에 빠질 수 있다. 예컨대 토머스 프리드먼은 《세계는 평평하다》라는 책으로 베스트셀러 작가가 됐다. 그런데 몇 년 후 《세계는 평평하지 않다》라는 책이 나와 토머스 프리드먼의 주장이 틀렸다고 주장했다. 이런 경우에 이 책들을 연결해서 읽고 비교해 봐야 한다.

정재승 고수의 독서 조언

정재승 고수는 독자 스스로 부딪쳐 가면서 자신의 독서 방식을 만들라고 조언한다. 그는 독서는 한마디로 시행착오를 통해 자신의 방식을 찾아가는 과정이라고 한다. 즉, 서점에서 여러 책을 읽으며 길을 잃어 보기도 하고, 실패해 보기도 하면서 이렇게 읽으면 안 되겠다고 생각하는 과정이 필요하다는 거다. 그는 이런 과정 자체가 독서라고 한다. 이런 과정을 통해 자기가 좋아하는 분야와 작가를 스스로 선택해야 한다는 것이다. 이렇게 직접 부딪치면서 자기 방식을 만드는 게 무엇보다 중요하다.

그는 자신이 좋아하거나 관심 있는 주제를 찾기를 권한다. 자신이 좋아하거나 관심 있는 주제가 아니면 독서에 집중이 안 된다. 집중이 안되면 금방 싫증이 난다. 이런 독서는 얻는 것도 없이 시간만 낭비하는 것이다. 그래서 좋아하거나 관심 있는 주제를 찾는 게 중요하다. 그런 다음 주제에 관련된 각 분야의 전문가, 즉 철학자·사회과학자·자연과학자·공학자·예술가가 쓴 책을 두루 읽어야 한다. 그러면 독서가 지루해지지 않고 재미있어지며 오래도록 지속할 수 있다.

정재승식 글쓰기, 글을 쓰고 반드시 20번쯤 읽으면서 고쳐라

정재승 고수는 과학자이면서 대단한 글쟁이다. 지금까지 그가 쓴 책은 무려 40권이 넘는다. 베스트셀러도 여러 권이다. 《정재승의 과학콘서트》는 출간 이래 지금까지 국내에서 가장 많이 팔린 과학도서다. 이책은 그가 스물아홉 대학원생 때 썼다. 그는 책뿐 아니라 논문, 칼럼, 서평도 많이 쓴다. 그가 쓴 논문은 10년 동안 200편이 넘는다. 그가 이렇게 많은 글을 쓸 수 있었던 원동력은 무엇보다 방대한 독서량이다. 그는 한 달에 50권 이상 책을 읽는다. 그는 좋은 글을 쓰는 데는 독서가 필수라고 한다.

왜 글쓰기에 독서가 필수일까? 독자가 이해하기 쉽게 글을 쓰려면 세 가지 요소가 필요하다. 즉 적절한 예제, 딱 맞는 비유, 핵심을 꿰뚫는 인용이다. 그러나 이런 세 가지 요소를 갖춰 글을 쓰는 게 쉽지 않다. 다른 사람이 쓴 글을 많이 읽지 않으면 이 세 가지를 얻기 어렵기 때문이다. 그래서 쓰려면 많이 읽어야 한다. 중국의 시성(詩聖) 두보는 만 권의 책을 읽으면 신들린 듯이 글을 쓸 수 있다고 했다. 그만큼 읽기와 쓰기는 뗄 수 없는 관계다. 정재승 고수는 글쓰기에 어려움을 겪는 이들의 공통점은 남의 글을 충분히 읽지 않고, 글 쓰는 연습을 많이 하지 않기 때문이라고 한다.

여기서 정재승 고수의 글쓰기 기법 몇 가지를 알아보자. 먼저 문단 단위 글쓰기다. 그는 학생들에게 글을 쓸 때는 문단 단위로 연습하길 권한다. 문단은 생각의 단위다. 그렇기에 한 문단에는 하나의 생각을 담아야 한다. 그러지 않고 한 문단 안에서 여러 가지 이야기를 하면 독자가 이해하기 어렵게 된다. 그리고 문단 단위로 글을 쓰면 글쓰기가 쉬워진다. 한 문단을 잘 구성해놓으면 그 문단이 마중물이 되어 다음 문단으로 이어지기 때문이다.

다음은 글쓰기 전 밑그림을 잘 그리는 것이다. 글쓰기는 집을 짓는 것과 같다. 집을 지을 때 설계도가 필요한 것처럼 글쓰기에도 설계도가 필요하다. 밑그림이 바로 설계도다. 밑그림 없이 글을 쓰면 중구난방이 될 가능성이 크다.

그리고 글을 쓴 뒤 반드시 20번쯤 읽으면서 글을 고쳐야 한다. 아무리 글쓰기에 능한 사람이라도 초고는 완벽하지 않다. 글이 얼마나 좋은지 여부는 글을 얼마나 많이 읽고 고치느냐에 달렸다. 고칠 때는 문법뿐 아니라 운율도 맞춰야 한다. 글에도 운율이 있다. 운율에 맞춰야 독자가 읽기 쉽고 이해하기 쉽다. 따라서 쓴 글을 반복해 읽으면서 턱턱

막히는 부분은 술술 읽히도록 운율에 맞춰 고쳐야 한다. 정재승 고수는 산문에도 운율이 있으므로 독자가 한 번에 이해하도록 쓰려면 필자가 아주 작은 운율도 맞춰야 한다고 강조한다.

정재승 고수의 서재는 '일요일의 공동묘지'다

정재승 고수는 네이버 '지식인의 서재'에 출연해 자신의 서재를 '일요일 나른한 오후의 공동묘지 같은 곳'이라고 표현했다. 왜 그런 으스스한 표현을 했을까? 그는 유럽에서 동양 문화와는 다른 유럽식 공동묘지를 보았다. 그곳의 공동묘지는 마을에 있다. 그 공동묘지에 가족들이 일주일에 한 번씩 꽃도 갖다 놓고 하면서 묘지를 가꾼다. 그런 것을 보면서 그는 '사람들이 죽은 이들을 이런 식으로 기리는구나!'라고 생각했다. 그런데 요즘 그는 자기가 책을 대하는 방식과 그 가족들이 공동묘지를 관리하는 방식이 비슷하다는 생각이 들었다. 그래서 그는 서재를 공동묘지라고 표현했다.

그의 비유가 참 그럴듯하다. 그는 몇백 년 전에 죽은 사람들이 쓴 책이 무덤이고, 무덤이 모인 곳이 공동묘지이듯 책이 모인 곳은 서재라는 것이다. 그는 가족들이 공동묘지의 무덤을 관리하듯 자기는 서재의 책을 관리하면서 그 속에서 삶의 성찰을 캐낸다고 한다.

정재승 고수의 서재는 주중에 기거하는 대전의 오피스텔에 있다. 서재는 그가 가장 많은 시간을 보내고, 아끼는 공간이다. 거기엔 2만 권이 넘는 장서가 있다. 이렇게 장서를 갖추기까지는 우여곡절이 많았다. 처음에 책이 많지 않을 때는 그냥 방에 쌓아 두었다. 책이 점점 많아지자 방 여기저기에 어지럽게 쌓여갔다. 원하는 책을 찾으려면 책 무덤을 헤집어야 했다. 그래서 그는 책장을 들여놓고 책을 분류했다. 책이 많아 학생들의 도움을 받았더니 분류가 제대로 안 되었다. 예를 들면 과학과 친하지 않은 학생이 책을 분류하다 보니 칼 세이건의 《코스모스》란 책이 식물 분류에 가 있고, 《웹 진화론》이 진화론 분류에 꽂혀 있기도 했다. 그는 자기 책은 스스로 정리해야 한다는 것을 깨닫고, 혼자서 몇 달간 정리했다.

그렇게 정리한 책장은 얼핏 보기에는 순서 없이 꽂혀 있는 것 같지만, 나름대로 체계를 잡은 것이다. 분류는 자연과학, 문학·소설, 인문·사회과학으로 되어 있다. 그리고 키워드를 중심으로 그가 아끼거나 읽어야 할 책은 앞쪽에, 읽었던 책은 뒤쪽에 배치해 나름대로 사고를 정리하듯 책장을 정리했다.

정재승 고수가 추천하는 책

정재승 고수는 여러 매체에서 다양한 방식으로 책을 추천하지만, 그도 책을 소개할 때는 조심스러워진다. 그런데도 추천을 주저하지 않는 책이 있다. 그것은 과학자의 사명감으로 책을 쓰는 저자의 책이다. 예컨대 《코스모스》를 쓴 칼 세이건이나 《과학이란 무엇인가》를 쓴 리처드

파인만 같은 물리학자의 책이다. 《이기적 유전자》를 쓴 진화생물학자 리처드 도킨스도 포함된다. 여기서는 그가 추천한 책 중에서 분야를 조금 넓혀 네 권을 추렸다.

《카오스》, 제임스 글릭, 동아시아

정재승은 대학에 다니면서 자기의 꿈은 천체물리학자라고 5년 동안 외치고 다녔다. 그런데 이 책이 한순간에 그를 복잡계 물리학 분야로 이끌었다. 그는 사실 천체물리학자가 되겠다고 떠들고 다녔지만, 천체물리학을 공부해 보니 이미 천재들이 많은 연구를 해놓은 게 보였다. 앞으로 자기가 아무리 열심히 연구해도 결국 천재들이 쌓아놓은 천체물리학이라는 탑 위에 작은 돌 하나 얹는 것에 불과할 것이라는 생각이 들었다. 그래서 그는 막막해하고 있었다. 그때 그는 이 책을 만났다. 왜 이 책에 감동하고 전공까지 바꿀 생각을 했을까? 우선 카오스란 개념이 굉장히 새롭고 매력적이었다. 게다가 그가 이 책을 읽을 당시에는 이 분야에 관한 연구가 불과 이삼십 년밖에 되지 않았다. 그래서 자기가 이 분야에 뛰어들면 새로운 학문을 만들어낼 수 있을 것 같았다. 또한, 잘만 하면 자신이 이 분야에 이바지할 수도 있을 것 같았다. 이런 이유로 그는 이 책을 보고 좀 불확실하지만 아주 흥미로운 분야라고 생각해 전공을 바꾸었다.

이 책은 카오스 과학이 출현하기까지 전반적인 과학사와 카오스 연구자의 삶을 보여준다. 카오스는 '무질서 속의 질서'다. 즉 '우리가 발견하는 질서 속에 혼돈이 있으며, 혼돈 속에 질서가 있다는 것'이다. 물리학계에서는 대류(對流)나 진자(振子) 같은 것은 더는 연구 대상이 아니라고 생각했다. 이미 밝혀질 대로 밝혀져 모든 것을 이미 이해했다는 착각 때문이다. 하지만 카오스 연구자들은 달랐다. 그들은 물리학에서 등한시하는 대류나 진자 연구에 몰두했다. 그래서 그들은 대류의 굴림 운동이나 가장 단순한 진자의 운동에도 우리가 예측할 수 없는 무질서가 존재함을 발견했다. 이른바 선형성에 한정된 과학으로는 설명하고 예측할 수 없는 현상들이 존재한다는 것이다. 이처럼 이 책은 사소한 것에서도 진리를 발견할 수 있다는 것을 깨달을 수 있기에 읽어볼 만하다.

《빈 서판》, 스티븐 핑커, 사이언스북스

이 책은 인간의 본성을 다룬 책으로 그가 굉장히 아끼고 사랑하는 책이다. 우리에게 좋은 질문을 던지는 책이기 때문이다. 인간의 본성은 타고나는 것일까? 후천적 요인에 의해 길러지는 것일까? 이런 질문에 사회생물학자들은 "인간은 유전자에 의해 결정되고, 교육이나 환경의 영향을 받지 않는다"라고 주장한다. 반면에 인문사회학자들은 "모든 사람은 자신이 속한 사회·문화에 의해 결정된다"고 주장한다. 그러나 이 책은 두 주장 모두 과도한 주장이라고 한다. 동시에 "인간의 본성은 유전적 요인일 수도 아닐 수도 있다"라고 한다. 두 주장을 종합하면 유전과 환경 그리고 자연과학과 인문과학의 융화와 균형을 추구해야 한다는 것이다. 그러니까 이 책은 유전과 사회·문화 같은 것의 상호작용 때문에 인간 하나하나가 만들어지는 것임을 생각하게 한다. 그는 그런 점에서 이 책을 추천한다.

《트래픽》, 톰 밴더빌트, 김영사

이 책은 그가 굉장히 재미있게 읽은 책이다. 도로에서 일어나는 인간 심리의 다양한 면을 끌어내 설득력 있게 분석하고 있기 때문이다. 그는 이런 종류의 책을 좋아한다. 우리 주변에서 자주 접할 수 있는 미시적인 것을 과학적·의학적·사회학적 관점에서 들여다보는 책이기 때문이다. 이 책은 우리가 흔히 도로 위에서 한 번쯤 경험했던 현상을 다루고 있다. 그러면서 그 이면에 깔린 인간의 비현실적인 면을 심리학을 기초로 사회학·문화인류학·정치경제학이라는 다양한 도구를 동원해 분석하고 있다.

《수학사》, 하워드 이브스, 경문사

수학은 굉장히 추상적이다. 그런데도 우리는 어려운 수학을 배우기만 했지, 도대체 수학을 왜 배워야 하는지는 배운 적이 없다. 아니 배우려는 생각조차 못 했다. 그러면서 막무가내로 문제를 풀다가 머리를 싸매고 골치 아파했다. 한 마디로 머리 아픈 수학만 한 것이다. 그런데 수학사나 수학 문화사를 읽어보면 그 머리 아픈 수학을 조금 다르게 생각하게 된다. 내가 지금 왜 이 어려운 인수분해를 해야 하고, 미분과 적분을 해야 하는지 알게 된다. 그리고 어떤 맥락에서 사람들이 수학을 연구했는지, 그 결과 어떤 성과물을 만들어냈는지를 이해할 수 있다.

따라서 수학을 잘하겠다고 수학 참고서만 열심히 보지 말고, 지금이라도 수학의 역사와 수학 문화사 책을 한번 읽어보기를 그는 권한다. 그렇게 하면 수학은 결국 인간이 만들어 놓은 것이고, 그 숫자 안에 인간의 얼굴이 있다는 놀라운 경험을 하게 된다. 수학사와 수학 문화사에 관한 책이 많다. 어떤 것을 읽든지 좋다. 하지만 그는 김용운 교수의 책이나 하워드 이브스의 책을 추천한다.

1. 목적독서; 읽는 목적을 분명히 하라

2. 질문독서; 저자와 자신에게 질문을 던져라

3. 사색독서; 질문에 답을 찾기 위해 생각하라

4. 메모독서; 책에 흔적을 남겨라

5. 실천독서; 읽은 것을 실천하라

제 3 장

어떻게 읽을 것인가

독서 고수들의 노하우를 벤치마킹하자!

어떻게 읽을 것인가?
(독서 고수들의 노하우를 벤치마킹하자!)

    제3장은 독서 고수들의 노하우를 훔쳐서 우리는 어떻게 읽을 것인가를 말한다.

    지금까지 독서 고수의 독서법을 알아보았다. 남은 것은 '우리는 어떻게 읽어야 하는가?'다. 방법은 그들에게서 훔친 독서 노하우를 가지고 자신만의 독서법을 만드는 것이다.

    제3장에서는 독자들의 이해를 돕고자 독서 고수들의 노하우를 가려 뽑아 만든 필자만의 독서법을 제시한다. 당신도 자신만의 독서법을 만들어 보기 바란다. 여의치 않으면 필자가 만든 것을 활용할 수도 있다.

    독서법은 독서 프로세스를 따라 구성했다. 책

을 읽기 전에 읽는 목적을 분명히 하고, 책을 읽으면서 질문하고, 사색하고, 메모하고, 읽은 다음 읽은 것을 실천한다. 요약하면 다음과 같다.

- 읽는 목적을 분명히 하라(목적독서)
- 저자와 자신에게 질문을 던져라(질문독서)
- 질문에 대한 답을 찾기 위해 생각하라(사색독서)
- 생각한 것을 책에 흔적을 남겨라(메모독서)
- 읽고 메모한 것을 실천하라(실천독서)

독서 = 목적 → 질문 → 사색→ 메모→ 실천(변화)
▶ 질문 · 사색 · 메모는 거의 동시에 이루어진다.

한 문장으로 요약하면, 독서는 명확한 목적의식을 갖고, 책을 읽으면서 저자와 자기에게 묻고 답하며 생각하고, 중요한 것에 밑줄 긋고 메모하며, 읽은 것을 행동으로 실천하는 것이다.

목적독서
(읽는 목적을 분명히 하라)

삶의 목적이 중요하듯 독서도 목적이 중요하다

목적은 '실현하려고 하는 일이나 나아가는 방향'이다. 그러므로 모든 면에서 목적은 중요하다. 우리 삶에도 목적이 중요하다. 미국 스탠퍼드대학 윌리엄 데이먼 교수는 《무엇을 위해 살 것인가》에서 "인생에서 가장 중요한 것은 인생의 목적을 발견하는 것"이라고 했다.

독서의 목적도 마찬가지로 중요하다. 독서의 방향을 결정해 이끌기 때문이다. 중국의 성리학자 주희는 책을 읽을 때 먼저 뜻을 세우라고 했다. 독서의 목적을 분명히 하라는 말이다. 또 뜻이 정해져 있지 않으면 일을 이루기 힘들다고 했다. 독서의 목적이 없으면 독서에서 얻는 게 없다는 것이다. 게다가 아리스토텔레스는 책을 읽는 목적이 없다면 책을 읽지 말라고 했다. 목적 없는 독서는 무의미하고 시간 낭비이므로 아예 그런 독서는 하지 말라는 것이다. 그만큼 독서에서 목적을 분명히 하는 것이 중요하다 하겠다.

독서의 목적은 '무엇을 위해 책을 읽는가?' 또는 '왜 책을 읽는가?'에 대한 답이다. 사람마다 인생의 목적이 다르듯 독서의 목적도 다르다. 한마디로 독서의 목적은 다양하다. 그러나 대략 교양, 지식, 지혜, 변화, 오락 등으로 압축해 볼 수 있다. 이런 독서의 목적은 거시적인 목적이라 할 수 있다. 필자가 제3장에서 다루고자 하는 것은 조금 그 범위를 좁혀 생각하는 것이다. 즉, 목적독서다.

거시적인 독서의 목적과 목적독서는 대동소이하다. 독서의 목적은 넓은 의미지만 목적독서는 좁은 의미라고 보면 된다. 다시 말해 독서의 목적은 독서 전반을 아우르는 목적이지만, 목적독서는 책 한 권을 읽는 목적이라고 생각하면 된다. 더 쉽게 말하면 목적독서는 '이 책에서 무엇을 얻을 것인가?' 또는 '이 책을 왜 읽는가?'에 대한 답이다.

독서 고수들은 어떻게 목적독서를 하는가?

공병호 고수는 빠르게 많은 것을 습득하는 독서를 한다. 이른바 '핵심만 골라 읽는 독서법'이다. 따라서 공병호 고수가 책을 읽는 목적은 빠른 지식 습득이다. 그는 이 목적을 달성하려고 '80/20 법칙 독서 전략'을 사용한다. 책의 핵심 내용은 책 전체 분량에서 20퍼센트 안에 들어 있다는 것이다. 그 20퍼센트는 서문, 목차, 맺음말과 앞부분의 핵심

장에 숨어 있다. 책을 읽을 때 서문을 읽고 난 다음에 목차를 보면서 꼭 필요한 부분만 뽑아서 읽는다. 한편 공병호 고수는 책을 읽을 때 항상 자신의 직업과 연결 고리를 만든다. 직업과 관련된 지식을 습득하는 게 목적이다. 그래야 동기 유발이 되고 동기 유발이 되면 자연스럽게 흥미도 생긴다. 이것은 그냥 주어지는 것이 아니라 스스로 그런 독서 목적을 가질 때만 가능하다.

박웅현 고수의 책 읽는 목적은 '울림'을 주는 문장을 발견하는 데 있다. 그는 한 권을 읽더라도 꾹꾹 눌러 읽는다. 이른바 '들여다보기 독서법'이다. 이렇게 읽으면서 울림을 주는 문장을 건져 올린다. 울림이란 좋은 문장을 읽고 전율을 느끼는 것이다. 전율은 읽은 문장이 도끼가 돼 머릿속에 선명한 흔적을 남길 때 일어난다. 이렇게 읽어야 진정한 독서라고 한다.

박경철 고수와 안철수 고수도 목적독서를 한다. 어느 한 분야에서 전문가 수준에 이르고자 할 때 그 분야의 지식을 습득하는 목적을 갖고 집중 독서를 한다. 박경철 고수는 투자 이론을 섭렵하고자 미국에서 원서 50여 권을 주문해 독파했다. 그 결과 한국 최고의 주식투자 전문가가 됐다. 또 박경철 고수는 낚시를 배우려고 월척을 낚을 때까지 낚시 관련 서적을 탐독했다. 그래서 그는 책을 읽은 지 6개월 만에 월척을 낚는 전문가가 됐다. 안철수 고수는 바둑과 컴퓨터를 배울 때 목적독서를 했다. 그는 책을 통해 미지의 분야를 배운다는 목적을 세웠다. 그는 바둑책 50권을 읽고 1년 만에 아마추어 2단 정도 실력이 되었다. 그는 컴퓨터도 책을 읽고 전문가가 되었고, 국내 최초로 컴퓨터 바이러스 백신까지 개발했다.

최재천 고수도 낯선 분야의 지식을 습득하려고 목적독서를 한다. 이른바 '기획독서'다. 잘 모르는 분야의 책을 읽을 때는 같은 주제의 책을 연달아 독파하는 방법이다. 그는 모르는 분야의 지식을 습득한다는 분명한 목적을 가지고 읽는다. 그런 목적으로 그 분야의 책을 두세 권 읽으면 잘 몰랐던 부분이 이해된다. 이렇게 하다 보면 차츰 지식의 영역이 넓어진다.

읽는 목적을 명확히 하라

읽는 목적을 명확히 한다는 것은 이 책을 왜 읽는가에 대한 목적의식을 분명히 하는 것이다. 책을 읽기 전에 분명한 목적의식을 가져야 한다. 목적의식이 강할수록 집중력과 성취도가 높아진다. 또한, 흥미를 유발해 오래 읽을 수 있게 된다. 반대로 목적의식이 없으면 집중력과 흥미가 떨어져 쉽게 포기하게 된다. 설령 억지로 읽는다고 해도 얻는 게 없어 시간만 낭비할 뿐이다. 영국의 소설가 겸 극작가 에드워드 불워 리턴은 목적 없는 독서는 산책일 뿐이라고 했다. 책을 읽을 때는 이 책에서 무엇을 얻겠다는 뚜렷한 목적을 가져야 한다.

그럼 읽는 목적을 어떻게 분명히 하는가? 우선 자기의 관심 분야나 흥미 분야를 찾아야 한다. 자신이 알고 싶어 하는 것을 읽는 것이 목적

있는 독서다. 예를 들면 안철수 고수처럼 바둑에 관심이 있으면 바둑을 배우겠다는 목적을 갖고 바둑책을 읽는 것이다. 그래야 동기 유발이 돼 적극적으로 읽게 되고 집중할 수 있다. 독서에 집중하게 되면 책 내용이 머리에 속속 들어온다.

다음은 책에서 키워드를 뽑아내는 방법이다. 읽는 책에서 알고 싶거나 얻고 싶은 키워드를 정한다. 예컨대 정독 방법을 알고 싶다면 '정독'을 키워드로 정한다. 그리고 책을 읽으면서 키워드를 설명하는 부분에 집중한다.

필자의 경험을 소개한다. 앞에서 언급했듯 필자는 독서를 잘하고 싶어 독서법 책을 읽었다. 독서법에 관심을 둔 것이다. 당연히 책을 읽는 목적은 독서법을 습득하는 것이다. 그런 목적에 따라 독서법 책을 골라 목적독서를 했다. 목적이 분명하니까 책에서 설명하는 독서법 내용이 스펀지에 물이 스며들 듯 흡수됐다. 희열을 느끼며 책을 읽었다. 독서법을 배우고 싶다는 목적의식이 뚜렷했기 때문에 읽어도 읽어도 지루하지 않았다. 그래서 계속해서 읽을 수 있었다. 그렇게 읽은 독서법 책이 무려 300권이 넘었다. 아주 독서법에 미쳐버린 것이다. 뚜렷한 목적의식이 필자를 그렇게 만들었다. 목적의식이 강하면 강할수록 집중력과 성취도가 높아진다는 것은 맞는 말이다. 필자가 직접 체험했으니까. 필자는 그렇게 목적독서를 한 결과 이 책을 쓸 수 있었다.

질문독서
(저자와 자신에게 질문을 던져라)

질문은 독서의 시작이다

질문은 '알고자 하는 바를 얻고자 묻는 것'이다. 따라서 질문은 알고자 하는 의문에서 나온다. 의문이 없으면 질문도 없다. 인간은 불완전하다. 그래서 우리는 인생을 살면서 알고 싶은 게 많아 여러 가지 질문을 한다. '삶이란 무엇인가? 우리는 왜 살아야 하는가?'라는 철학적 질문은 물론이고, '이 일을 왜 해야 하는가? 이 일이 왜 필요한가?'라는 일상적 질문도 한다. 그럼 이런 질문이 왜 우리 삶에서 중요한가? 질문은 우리에게 답을 찾게 하므로 중요하다. 질문이 없으면 답도 없다. 또 좋은 질문은 좋은 답을 찾게 한다.

제임스 라이언(James E. Ryan) 하버드 교육대학원 학장은 하버드 졸업식 축사에서 사회에 첫발을 내딛는 초년생들에게 "자신이 모든 해답을 갖고 있지 않음을 인정하라. 후회 없이 살고 싶다면 질문을 습관처럼 달고 살라"라고 했다. 그러면서 그는 인생에서 질문은 열쇠와 같다고 했다.

인생에서 질문이 열쇠이듯, 독서에도 마찬가지로 질문이 열쇠다. 인생에서 질문이 중요다면 독서에서도 질문이 중요하다. 책을 읽다가 이해가 안 되거나 저자의 의도를 알 수 없을 때 의문이 생긴다. 이런 경우 그냥 넘어가지 말고 저자에게 질문을 던져야 한다. 질문해야 답을 얻는다. 질문이 열쇠가 되기 때문이다. 질문 없는 독서는 올바른 독서가 아니다. 질문이 없다는 것은 읽을 준비가 안 되어 있거나 제대로 읽지 않는다는 증거다.

《징비록》을 쓴 조선의 인문학자 서애 류성룡 선생은 아들들에게 보낸 편지에서 질문 없는 독서는 쓸모없다고 했다.

"너희 셋 모두 《맹자》를 읽었느냐? 배움은 정밀하게 따지고 살펴 묻는 것을 소중하게 여긴다. 너희가 일찍이 따져보지 않았기 때문에 의문이 생기지 않고, 의문이 생기지 않았으므로 물을 수 없는 것이다. 이와 같다면 아무리 여러 번 읽은들 무슨 소용이겠느냐?"《아버지의 편지》 중에서)

서애 선생이 말했듯 배움(독서)은 따져 묻는 것이 중요하다. 따져보아야 의문이 생기고, 그 의문이 질문으로 이어진다. 그리고 질문의 답을 찾았을 때 비로소 모르던 것을 알게 된다. 이런 게 올바른 독서다. 이런 이치를 잘 아는 서애 선생이 아들들에게 질문하지 않은 독서는 소용없다고 지적한 것이다.

질문은 생각의 전제다. 질문 없이 생각하기는 어렵기 때문이다. 질문에 따라 생각하게 된다. 그래서 독서에서 중요한 것은 질문이다. 책을 읽으면서 끊임없이 질문해야 한다. 그저 읽기만 해서는 안 된다. 생각하는 독서는 곧 질문하는 독서다. 책에서 의미를 찾으려면 생각해야 하고, 그 생각을 이끄는 것은 질문이다.

독서 고수들은 어떻게 질문독서를 하는가?

공병호 고수는 책을 읽을 때 저자와 적극적으로 대화한다. 그는 네 가지 질문을 가지고 책을 읽는다.

① 어떤 새로운 정보를 얻을 수 있을까?
② 어떻게 정보를 이용할 수 있을까?
③ 나의 의견이나 생각은 저자와 같은가, 다른가?
④ 왜 다르게 생각하는가?

공병호 고수는 먼저 자기 생각을 세운다. 그런 뒤 저자의 생각과 주장을 긍정적으로 받아들이지만, 비판적 시각도 가진다. 만약 저자의 의견을 수긍할 수 없을 때는 해당 내용에 밑줄을 긋고 물음표(?)를 해둔다. 이렇게 그는 저자의 주장에 동의, 부동의를 분명히 하면서 책을 읽는다.

안철수 고수는 책과 대화하면서 적극적인 독서를 한다. 즉, 저자와 자기에게 질문을 던지는 것이다. 그저 저자의 주장이나 생각을 그대로 수용하지 않고 '저자는 왜 이런 생각을 하지?', '나라면 어떻게 할까?'라는 질문을 한다. 안철수 고수는 질문을 통해 책을 적극적으로 소화한다. 책을 읽으면서 '어, 정말?', '그건 아니잖아?', '난 이렇게 생각해!', '그래 맞아!', '그랬구나!'라고 반론을 제기하거나 맞장구친다. 그러면서 뭔가를 깨닫는다. 그는 소설을 읽을 때 주인공과 대화한다. 그는 대화로 등장인물의 심리를 파악하려고 애썼다. 그는 주인공과의 대화를 통해 부족한 소통 능력과 사회성을 보완할 수 있었다고 한다. 소설 속의 주인공들이 펼치는 다양한 삶의 모습에서 간접 경험한 것이다.

소크라테스처럼 읽어라

질문독서는 '소크라테스식 독서법'이다. 이는 소크라테스가 묻고 답하는 대화로 아테네 시민들의 생각을 깨운 것처럼, 책을 읽으면서 책과 저자 그리고 독자 자신에게 묻고 답하는 방식이다. 소크라테스처럼 읽으려면 먼저 질문을 던져야 한다. 아무 생각 없이 저자의 주장을 수동적으로 받아들이지 말고 자기 생각을 저자에게 질문하는 능동적인 독서를 해야 한다. 창조적인 독서는 질문에서 나온다. 《소크라테스처럼 읽어라》에서 오준호 작가는 "창조적 독서는 생각하는 독서이고, 생각하는 독서는 결국 질문하는 독서"라고 말한다.

독서는 얼마나 많이 읽느냐가 중요하지 않다. 한 권을 읽어도 좋은 질문을 많이 하는 독자는 좋은 독서가요, 창조적 독서가다. 반면 수백 권을 읽어도 질문 없는 독자는 좋은 독서가도 창조적 독서가도 아니다. 독자의 질문 능력에 따라 독서에서 얻는 게 달라진다. 좋은 질문을 많이 하면 좋은 답을 얻고, 그렇지 않으면 얻는 게 없다.

대부분의 독자는 책을 읽으면서 질문하는 것에 대한 비판적인 고정관념이 있다. 책의 내용을 다 이해하는데 무슨 질문을 하느냐고 한다. 책 내용을 모르거나 이해되지 않을 때만 질문하는 것으로 알고 있기 때문이다. 하지만 책의 내용을 알고 이해하더라도 질문은 필요하다. 왜 그런가? 질문은 우리의 사고 과정 자체다. 즉, 질문은 생각의 과정이다. 따라서 생각하려면 질문해야 한다. 또 질문은 진화한다. 그래서 질문이 질문을 낳는다는 말이 있다. 아는 것도, 이해하는 것도 질문해야 한다. 그래야 질문이 질문을 낳아 사고를 확장하게 한다. 아주 쉬운 예로 책에서 3+7=10이라고 했다고 하자. 이것을 알고 이해한다고 해서 질문을 하지 않는 게 아니다. '3−7은 어떻게 될까?', '3×7은 어떻게 될까?'라고 질문해야 한다. 이렇게 알고 이해한 것도 다른 방향에서 질문해야 사고를 확장할 수 있다. 아는 내용도 다른 측면에서 질문을 던져야 한다.

저자와 독자 자신에게 질문을 던져라

독서는 저자와 대화를 나누는 것이다. 즉, 책과의 대화다. 대화는 질문하는 것이다. 이런 질문은 독서의 목적을 달성하기 위한 것일 수 있고, 저자의 생각과 내 생각이 어떻게 다른지에 대한 질문일 수도 있다. 질문은 저자나 독자 자신에게 던져야 한다. 그럼 어떤 질문을 던져야 하는가?

목적독서와 연관된 질문이 가장 바람직하다. 앞에서 말했듯 목적독서는 '이 책에서 무엇을 얻을 것인가?' 또는 '이 책을 왜 읽는가?'에 대한 답이다. 그렇다면 목적독서와 연관된 질문은 '이 책에서 얻고 싶은 것이 무엇인지'다. 예컨대 독서법을 배우고 싶어 책을 읽는다고 치자. 그러면 '이 책에서 소개하는 독서법 중 내게 가장 적합한 방법은 무엇인가?'라는 질문을 던질 수 있다. 이 질문을 던져놓고 책을 읽어가면서 질문에 대한 답을 찾는 것이다.

필자는 책을 읽을 때 다음 네 가지 질문을 기본적으로 던진다.
① 전반적으로 무엇에 관한 글인가?
② 무엇을, 어떻게 자세하게 다루고 있는가?
③ 전반적으로 또는 부분적으로 볼 때 그 글은 맞는 글인가?
④ 저자가 던지는 메시지에서 내가 얻을 것은 무엇인가?

한편 책을 읽으면서 독자인 필자 자신에게도 질문을 던진다. 질문은 책을 읽기 전에, 읽는 중에, 읽은 후에 지속해서 던진다.

읽기 전에는

- 이 책을 왜 선택했는가?
- 이 책은 내게 어떤 의미가 있는가?
- 이 책은 내게 도움이 되는 책인가?
- 이 책은 지금 필요한 책인가?

읽는 중에는

- 제대로 이해하면서 읽고 있는가?
- 읽고 있는 책의 저자는 믿을 수 있는가?
- 어떤 내용을 취할 것인가?

읽은 후에는

- 책을 통해 깨달은 것은 무엇인가?
- 무엇을 실천할 것인가?'
- 이 책은 다시 읽을 가치가 있는가?

위의 질문이 절대적인 것은 아니다. 질문은 사람마다 다를 수 있다. 아니 달라야 한다. 그리고 질문은 읽는 사람이 직접 만들어야 한다. 그리고 질문은 반드시 실천해야 한다. 모티머 J. 애들러는 그의 저서《독서의 기술》에서 질문은 읽는 사람의 의무라고까지 했다.

질문독서는 사색독서를 이끄는 마중물이다. 질문이 없으면 사색도 없기 때문이다. 많은 질문을 하면 많이 생각하고, 좋은 질문을 하면 깊게 생각한다. 또 목적독서을 달성하려면 목적에 걸맞은 질문을 해야 한다. 질문은 독서의 열쇠이자 시작이다.

사색독서
(질문의 답을 찾기 위해 생각하라)

사색하지 않는 독서는 독서가 아니다

사색은 어떤 것에 대해 깊이 생각하고 이치를 따지는 것이다. 책도 깊이 생각하고 이치를 따지며 읽어야 한다. 즉, 사색독서를 해야 한다. 사색하지 않는 독서는 독서가 아니다. 사색의 중요성은 굳이 말하지 않아도 될 듯하다. 현대 철학의 아버지 데카르트의 명언 한마디면 충분할 것 같다. 데카르트는 《방법서설》에서 "나는 생각한다. 고로 존재한다 (Cogito, ergo sum)"라고 했다. 어찌 이보다 더 사색의 중요성을 말하겠는가.

독서에서 사색은 아무리 강조해도 지나치지 않다. 그만큼 중요하기 때문이다. 그래서 동서고금을 막론하고 사색독서를 강조하는 명언이 많다. 이 명언을 마음에 새기자.

- "사색 없는 독서는 위태롭고 독서 없는 사색은 방황하게 만든다."(베르나르 드 클레르보, 로마 가톨릭 성인)

- "독서는 다만 지식의 재료를 줄 뿐이다. 그것을 자신의 것으로 만드는 것은 사색의 힘이다."(존 로크, 영국 철학자)

- "사색 없는 독서는 소화되지 않는 음식을 먹는 것과 같다."(에드먼드 버크, 영국 정치철학자)

- "독서는 오로지 사색하고 연구하기 위해서 하는 것이다."(프랜시스 베이컨, 영국 철학자)

- "다섯 수레의 책을 술술 암송하면서도 그 의미는 전혀 모르는 사람들이 있다. 왜 그런 일이 벌어지는가? 사색하지 않았기 때문이다."(서애 류성룡, 조선 중기 인문학자)

- "책을 읽으면 반드시 이치를 궁리하고 탐구해야 한다. 그러지 않으면 결코 깊은 경지에 도달할 수 없다."(율곡 이이, 조선 성리학자)

- "책을 읽는 방법은 다른 게 없다. 글을 숙독하면서 정밀하게 생각하라. 그렇게 오랫동안 하다 보면 깨닫는 게 있을 것이다."(주자, 중국 유학자)

- "읽고 사색하지 않으면 어리석어진다."(정자, 중국 성리학자)

이런 명언을 보면 사색의 중요성을 실감할 수 있다. 가히 생각하지 않는 독서는 독서가 아니라 할 수 있다. 하지만 책을 읽으면서 사색하는 사람은 그리 많지 않다. 그러니 아무리 강조해도 과하지 않다. 사실 필자도 사색을 많이 하지 않는 편임을 고백한다. 방법과 요령을 몰라서가 아니라 몸에 배지 않아서다.

책을 읽으면서 사색하지 않는 이들에게 경종을 울린 사람이 있다. 영국의 정치가이자 작가 필립 체스트필드다. 그는 자신의 서간집《아버지가 아들에게 보내는 편지》에서 사색독서를 강조했다. 필립의 아들은 스승과 함께 유럽을 여행하고 있었다. 그 아들로부터 그간의 행적을 편지로 전해들은 필립은 아들이 사색독서를 한다는 것을 알고 이런 편지를 보냈다.

"내가 무엇보다 기쁜 것은 네가 책을 읽을 때 내용을 파악하는 데 그치지 않고 그 내용에 관해 깊이 생각하고 있다는 것이다. 많은 사람이 책을 읽어도 그것을 스스로 판단하지 않고 씌어 있는 것만 머릿속에 집어넣는다. 그렇게 하면 닥치는 대로 정보만 쌓일 뿐, 머릿속은 잡동사니를 쌓아놓은 창고처럼 잡다해진다. 그러면 잘 정돈된 방처럼 필요한 정보를 필요할 때 바로 꺼낼 수 없다."

필립은 아들의 사색독서를 칭찬하면서 사색독서를 하지 않는 이들에게 따끔하게 경고하고 있다. 생각하지 않는 독서는 마구잡이로 정보만 머릿속에 집어넣는 꼴이라고. 그렇게 되면 우리 머릿속은 잡동사니만 쌓아놓은 창고처럼 돼 필요할 때 꺼내지 못한다고 말이다. 이런 독서는 하지 말아야 한다. 책을 읽는 목적을 달성하려면 사색독서를 해야 한다.

독서 고수들은 어떻게 사색독서를 하는가?

최재천 고수는 책을 천천히 읽으면서 사유하는 시간을 오래 갖는다. 그는 아내와 같이 책을 읽는 경우가 많다. 아내는 한 권을 다 읽었는데도 최재천 고수는 반도 읽지 못한다. 오죽했으면 아내로부터 "아직도 읽어요?"라고 타박을 받을까. 그래도 그는 사유하면서 천천히 읽는 게 좋다고 한다. 그는 완전하게 사유하지 않는 독서는 독서가 아니라고 한다. 그저 글자 읽기에 지나지 않기 때문이다. 책을 읽고 사유해야 하며 그 알맹이를 내 것으로 만들어야 한다. 그는 책이 내 피와 살이 될 수 있도록, 생각하며 씹어 먹어야 제대로 된 독서라고 믿는다.

안철수 고수의 독서법은 사색독서다. 그는 독서는 사색을 위해 하는 것이라고 강조한다. 책은 많이 읽는 게 중요하지 않다. 또 책 읽는 속도보다 책을 통해 무엇을 생각하느냐가 중요하다. 따라서 한 권을 읽더라도 사색으로 얼마나 얻을 수 있느냐가 관건이다. 독서에서 글을 읽는 것보다 사색이 중요하다. 사색은 책에 나온 내용을 자기 경험이나 현재 상황에 대입해 생각하고, 다른 책과 비교하거나 연관 지어 생각하는 것이다. 이렇게 사색해 해석하는 과정이 책 내용을 내 것으로 만들고 사고의 폭을 넓힌다. 그러므로 독서에서 사색이 빠지면 책의 내용을 내 것으로 만들지 못할 뿐 아니라 사고의 폭도 넓힐 수 없다고 한다.

박경철 고수는 자신의 저서 《시골의사 박경철의 자기혁명》에서 사색독서의 정곡을 찌른다. 그의 10가지 독서 원칙 중 하나가 '독서 후 사유'다. 그는 완독이나 다독보다 독서 후 사유를 더 중요하게 여긴다. 그는 책을 읽는 데 투자한 시간보다 더 긴 시간 동안 그 책에 대해 생각한다. 그는 '독서는 지식을 체화하고 사유의 폭을 넓히는 수단'이라고 했다. 또 성찰의 실마리를 던져주지 못하는 책은 시간을 파먹는 좀에 불과하다고 했다.

질문의 답을 찾기 위해 사색하라

질문과 사색은 분리할 수 없다. 사색은 질문을 던져야 가능하다. 사색은 곧 질문에서 시작된다. 그래서 질문독서와 사색독서는 연결된다. 사색독서는 질문독서 단계에서 만든 질문에 대한 답을 찾으려고 시도하는 단계다. 사색은 창조주가 인간에게만 준 특별한 능력이다. 그래서 인간의 위대함은 생각하는 힘이라고 프랑스의 천재 수학자 블레즈 파스칼이 말한 바 있다. 이런 인간만 가진 생각하는 힘을 독서에 이용해야 한다.

그럼 어떻게 사색할 것인가? 방법은 사람마다 다르다. 박경철 고수는 읽는 시간보다 긴 시간을 읽은 것에 관해 사색한다. 안철수 고수는 책을 읽은 다음 책에 나온 내용을 자신의 경험이나 현재 상황에 대입하고, 다른 책과 비교하거나 연관 지어 생각한다. 이처럼 사람마다 저마다의 방법이 있다. 따라서 사색 방법은 이것이라고 특정할 수 없다. 각자의 방식을 정해 사색하면 된다. 다음에 몇 사람의 사색 방법을 소개한다.

미국 작가 팀 샌더스는 30분 이상 책을 읽었다면 읽기를 멈춘 후 눈을 감고 몇 분 동안 마음속에 떠오르는 생각을 정리한다. 그리고 그러한 생각이나 아이디어가 연결되도록 한다.

《책 읽는 책》을 쓴 박민영 작가는 사색하지 못하는 독서가는 무능한 농부보다 나을 것이 없다고 하면서, 사색으로 행간에 숨어 있는 저자의 생각을 발견하라고 한다.

일본 작가 도쓰카 다카마사는 사색독서의 '1대3 법칙'을 주창했다. 1대3 법칙을 실행하는 요령은 ①장마다 그 장을 읽고 다음 장으로 넘어가기 전에 내용을 요약한다 ②요약 내용을 분류하여 논리를 정리고 주요 메시지를 끌어낸다, ③자기 나름의 의미를 찾는다. 1대3 법칙에서 중요한 것은 사색이다. 한 장을 읽고 요약하는 데 반드시 사색이 필요하다. 생각해야 읽은 것을 요약 정리할 수 있기 때문이다. 또 요약 내용을 분류하고 논리를 정리할 때도 많은 생각을 해야 한다. 그리고 주요 메시지를 끌어내는 건 사색 없이는 불가능하다. 나름의 자기 의미를 찾는 것이 사색의 결과라 할 수 있다. 결국, 1대3 법칙은 사색이 요체가 된다.

필자는 사색독서를 이렇게 한다. 독서법 책을 읽는다고 가정해 보자. 먼저 속독법을 배우겠다는 목적을 정한다. 속독법 책 중에서 《포토 리딩》 책을 고른다. 책의 서문과 목차를 보고 '포토 리딩이 내게 적합한 독서법인가?'라는 질문을 만든다(여러 질문 중 하나다). 책을 읽으면서 포토 리딩 방법을 설명하는 곳에 집중한다. 매 단계 읽기가 끝나면 저자의 주장이 옳은지, 이 기술은 내게 적합한지, 기술을 익히려면 어떤 노력이 필요한지 생각하면서 답을 찾는다. 이것은 하나의 단적인 예다. 당신도 자신의 사색 방법을 정하여 사색독서를 하길 바란다.

메모독서
(책에 흔적을 남겨라)

적지 않으면 사라지고, 적어야 오래 기억된다

'적자생존'이란 말이 있다. 적는 자만이 살아남는다는 뜻이다. 책을 읽을 때도 메모가 필요하다. 읽은 것을 오래 기억하고 활용하기 위해서다. 적지 않으면 사라진다. 독일의 심리학자 헤르만 에빙하우스의 망각 곡선에 따르면 읽은 뒤 한 시간이 지나면 50퍼센트를 잊어버리고, 하루가 지나면 고작 30퍼센트만 기억하고, 한 달이 지나면 20퍼센트밖에 남지 않는다. 그래서 쇼펜하우어는 "읽은 것을 모두 기억하기를 바라는 것은 먹은 것을 모두 몸에 지니고 다니기를 바라는 것과 같다"라고 했다. 그만큼 오래 기억하기 어렵다는 뜻이다. 그렇기에 기억하려면 기록해야 한다.

적지 않으면 사라지고 메모해야 오래 기억된다. 메모독서는 읽은 것을 오래 기억하기 위한 방법이다. 성 아우구스티누스와 성 프란체스코가 나눈 독서와 기억에 관한 대화 내용을 보면 메모 독서의 중요성을 실감할 것이다. 세계적인 작가 알베르토 망구엘이 쓴 《독서의 역사》에는 이런 대화 내용이 나온다.

"자네에게 유익할 것 같은 어떤 문장을 접하게 되면 분명히 표시해두게. 그렇게 하면 그 표시는 자네의 기억력에서 석회 역할을 할 것이지만, 그렇지 않으면 멀리 달아나고 말 걸세."

인간은 원래 망각의 동물이다. 우리 뇌는 어떤 것을 능동적으로 기억하지만, 망각도 능동적으로 행한다. 그러므로 기록하지 않으면 기억에서 지워진다. 책을 읽고 사색한 것도 마찬가지다. 따라서 메모독서를 해야 한다. 오래 기억되는 독서를 하려면 책을 읽으면서(또는 읽은 후) 반드시 메모하는 습관을 지녀야 한다. 메모독서는 기억에 오래 남는 독서이자 독서 효과를 극대화하는 독서다. 그런 이유로 중국의 독서가 마오쩌둥은 붓을 들지 않는 독서는 독서가 아니라고 했다.

독서 고수들은 어떻게 메모독서를 하는가?

공병호 고수는 책에 밑줄, 동그라미, 별표 등 자신만의 흔적을 남긴다. 중요한 문장이나 내용은 표시했다가 읽기가 끝난 다음 컴퓨터에 저장해 둔다. 또 중요한 내용이 담긴 페이지의 모서리를 다양한 방식으로 접는다. 메모는 하되 너무 많이 하지는 않는다. 너무 많이 하면 읽는 속도에 방해되기 때문이다. 책을 읽어 나가면서 현안 과제나 앞으로 해결할 과제와 관련된 중요 내용이 나오면 키워드만 간단히 메모한다. 메모는 책 앞면이나 뒷면 여백을 이용해 키워드를 적고 해당 페이지를 적는 식으로 한다. 다음은 공병호 고수가 미국의 심리학자 미하이 칙센트미하이가 쓴 《창의성의 즐거움》을 읽고 메모한 예다.

- 창의성? ------ p.15, 17, 33
- 어떻게? ------ p.28, 37, 47, 55, 123
- 벤치마킹? ------ p.165, 224, 327

박경철 고수는 책에 흔적을 많이 남긴다. 밑줄 긋고, 표시하고, 모서리 접고, 메모한다. 그 방법은 다음과 같다.

- 밑줄 긋기: 핵심(중요하거나 강조하는) 문장에 밑줄 친다.
- 중요 표시: 내용이 아주 중요한 부분에 ※, ○, [], ★ 등을 표시한다.
- 내용 요약: 중요한 부분은 핵심 내용을 요약해 여백에 적는다.
- 메모: 책을 읽다가 떠오른 생각이나 아이디어를 여백에 적는다.

안철수 고수는 메모 독서를 철저히 하는 편이다. 그는 책을 읽으면서 떠오른 생각을 반드시 메모한다. 그가 읽은 책에는 페이지마다 밑줄이 새까맣게 그어져 있다. 밑줄 가운데 일부는 페이지 여백으로 화살표를 연결하고, 그 여백에 깨알 같은 글씨로 메모한다. 예를 들면 이런 식이다. '이 부분을 우리 회사에 적용하려면?', '이 부분은 당장 경영지원팀의 상황에 적용 가능함' 그는 책을 다 읽은 다음 메모를 따로 모아 정리한다. 이렇게 구축된 데이터베이스는 책을 쓸 때 이용한다.

메모독서, 책에 흔적을 남겨라

메모독서는 책을 읽으면서 밑줄을 치거나 메모하는 것을 말한다. 그 범위는 책 여백에 간략하게 적는 것부터 독서 노트 쓰기, 필사, 서평 쓰기까지 넓게 생각할 수 있다. 그러나 여기서는 범위를 좁혀 책 여백에 메모하고 책에 다양한 표시를 하는 것만 설명한다.

그럼 어떻게 메모독서를 해야 할까? 필자가 하는 방법을 소개한다. 방법은 크게 두 가지다. 첫째는 여백에 메모하는 방법이다. 이 방법은 다섯 가지 형태가 있다. ① 질문 내용을 적는다. 미리 준비한 질문이나 책을 읽으면서 생기는 질문을 여백에 적는 것이다. ② 책을 읽으면서 떠오르는 생각을 적는다. 읽어가다가 순간적으로 생각이나 아이디어가 떠오르는 경우가 있다. 그런 생각을 적는 것이다. ③ 읽고 있는 페이지에 나오는 키워드를 적는다. 해당 페이지의 키워드를 적어두면 나중에 내용을 쉽게 찾을 수 있다. ④ 한 장(Chapter)을 읽고 내용을 요약한다. 내용을 요약하면 전체를 파악하는 데 도움이 되고 오래 기억할 수 있다. ⑤ 읽다가 책 내용 중에 현실에 적용하거나 실천할 만한 내용이 있으면 여백에 적는다.

둘째는 밑줄 치거나 표시하는 방법이다. 책을 더럽히라는 말이 있다. 책에 흔적을 많이 남기라는 뜻이다. 책에 표시하는 방법은 다양하다. 각자의 개성에 따라 여러 가지 방법을 사용할 수 있다. 필자가 쓰는 방법은 다음과 같다. 이 방법은 머티머 J. 애들러의 《독서의 기술》에서 소개한 방법을 벤치마킹 한 것이다.

- 중요한 문장이나 저자가 강조한 부분에 3색 펜(파랑, 빨강, 초록)으로 밑줄을 친다.
- 여러 문장이나 문단 전체에 밑줄을 그어야 할 때는 행의 첫머리 여백에 횡선을 긋는다.
- 중요한 내용이나 필요한 내용은 ★, ※ 표시를 한다.
- 내용이 순서적일 때는 문장이나 문단 첫머리에 숫자를 기록한다.
- 다른 페이지와 연관되거나 참고할 때는 여백에 다른 페이지 숫자를 기록한다.
- 중요한 키워드를 원(○)으로 둘러싼다.

조금 더 자세히 설명해보겠다. 메모는 손으로 적는 방법이 일반적이다. 이렇게 손으로 적으면 기억과 학습에 도움이 된다. 왜 그럴까? 기억은 뇌가 담당한다. 그런데 뇌가 받는 자극이 강하면 강할수록 더 기억이 잘된다. 대뇌는 지각, 사고, 추리, 기억을 담당한다. 대뇌는 신체 각 부분의 신경과 연결돼 있다. 그중에서도 손과 손가락에 대응하는 영역이 전체의 3분의 1이나 된다. 따라서 손과 손가락을 움직여 메모하면 신체 다른 부위를 움직이는 것에 비해 대뇌에 더 강한 자극을 주기 때문에 오래 기억된다.

세계 기억력 선수권 대회에서 '기억력 그랜드 마스터' 칭호를 받은 이케다 요시히로는 《기적의 메모술》에서 전자 기기를 사용한 메모보다 손으로 직접 적는 방식이 기억과 학습에 더 적합하다고 주장했다. 그러면서 미국 대학의 연구 논문을 근거로 제시했다. 미국의 프린스턴 대학과 캘리포니아 대학의 연구 논문에 따르면, 키보드를 쳐서 입력한 쪽보다 손으로 직접 적는 쪽이 수업 내용을 더 깊이 이해하고 오래 기억했다.

그럼 어떤 필기구로 메모하는 게 좋을까? 펜의 색깔도 기억력에 영향을 미친다. 펜의 색깔은 검정, 파랑, 빨강, 초록 등 여러 가지가 있다. 그중에서 파란색이 기억하는 데 가장 적합하다. 일본의 '파란 펜 공부법' 창안자 아이카와 히데키는 《파란펜 공부법》에서 "기억하고 싶은 내용을 파란색 글자로 쓰는 행위가 기억력 향상으로 이어진다"라고 했다. 그 근거로 행동 심리학 관점에서 보면 파란색은 흥분을 가라앉히는 진정 효과가 높다고 했다.

메모독서는 효과적인 독서법이다. 그래서 동서고금의 독서가들이 애용하는 독서법이다. 그런데 의외로 이런 독서법을 활용하지 않고 책을 깨끗하게 보는 사람이 많다. 책을 깨끗하게 읽는 것은 바람직하지 않다. 책에 흔적을 많이 남기는 것은 그만큼 책을 능동적으로 읽는다는 증거다. 중요한 내용이나 마음을 끄는 문장이 있으면 망설임 없이 밑줄을 긋고 표시를 하자. 필자는 메모독서가 습관이 돼 펜을 잡지 않으면 책을 읽을 수 없을 정도가 되었다.

실천독서
(읽은 것을 실천하라)

실천은 독서의 완성이다

실천은 생각한 바를 실제로 행한다는 뜻이다. 또 실행은 일의 완성을 의미한다. 따라서 실천독서는 읽은 것을 실행해 독서를 완성하는 것이다. 실천독서는 독서의 완성이기 때문에 독서에서 가장 중요한 단계다. 옛날부터 독서가들이 실천독서의 중요성을 강조한 이유가 여기에 있다. 중국 송나라 학자 여희는 책을 많이 읽는 것보다 한 자를 읽더라도 그 한 자를 실천하는 것이 더 중요하다고 했다. 조선의 성리학자 율곡 이이 선생은 독서를 하면서 마음으로 체득한 것을 몸으로 실행하지 못하면, 책과 내가 따로여서 이로움이 없다고 했다.

실천은 변화를 동반해야 한다. 책을 읽고 변화가 없으면 독서의 완성이 아니다. 책을 읽었다면 실천으로 생각이 변하거나 행동이 변해야 한다. 그래야 진정한 독서이고 독서의 완성이다. 간혹 '책은 읽어서 뭐해? 읽고도 변하지 않는데!'라는 말을 듣는 경우가 있다. 필자도 아내에게 "그렇게 책을 많이 읽으면서 사람이 왜 그래?"라는 말을 들을 때가 있다. 책을 읽고도 변하지 않았다는 의미가 내포된 말이다. 독서는 읽는 것이 중요한 게 아니라 실천이 더 중요하다. 실천 없는 독서는 시간 낭비일 뿐이다.

독서 고수들은 어떻게 실천독서를 하는가?

박웅현 고수는 책에서 얻은 아이디어를 광고 기획에 활용한다. 그래서 박웅현 고수는 책을 읽을 때 울림을 주는 문장을 발견하는 데 집중한다. 책에서 건진 울림을 주는 문장이 창의성의 원천이 되고 그에게 영감을 주기 때문이다. 그 영감으로 만든 광고가 대박을 터뜨린 사례가 많다. '읽었으면 느끼고 느꼈으면 행하라'는 말을 실천했기 때문이다.

박웅현 고수는 이렇게 말한다. 책을 읽고 느꼈으면 행하는 것이 중요하다. 아무리 많이 읽고 깨달아도 실행하지 않으면 무용지물이다. 독서의 목적은 내 삶을 변화시키는 것이다. 삶의 변화는 느낀 것을 실행했을 때 일어난다. 실행은 읽고 느낀 것을 체화하는 과정이다. 이때 읽은 것이 내면에서 우러나와 내 삶을 변화시키는 연료가 된다. 울림이 실행을 통해 체화됨으로써 삶이 변하는 것이다. 그러므로 책을 읽고 나서 느낌으로 끝나지 말아야 한다. 살면서 그 깨달음을 기억하고 되돌아보면서 실천해야 한다. 그래야 책이 얼어붙은 감성을 깨고 세포를 깨우는 도끼가 된다.

박경철 고수는 카잔차키스의 《그리스인 조르바》를 읽고 감동을 받았다. 그는 이 책을 읽고 '그리스 10년 여행'을 인생 목표로 잡았다. 그는 언젠가 조르바의 발자취를 따라 순례 여행을 하겠다고 실천 계획을 세웠다. 그리고 20여 년이 지난 뒤 그는 의사 면허도 휴면한 채 그리스로 떠났다. 그는 1년 6개월 동안 순례 여행을 하고 돌아와 《문명의 배꼽, 그리스》란 책을 썼다. 실천독서의 결과다.

안철수 고수는 실천독서에 대해 다음과 같은 소신이 있다. 책은 읽는 것에 그쳐서는 소용없다. 책을 읽고 실천해야 한다. 책을 읽고 지식만 습득하면 안 된다. 습득한 지식을 실생활에 적용해야 한다. 현실에 적용하지 못하는 지식은 쓸모없는 지식이다. 안철수 고수의 이런 소신은 오랜 독서 경험에서 나왔다. 그는 책을 읽음으로써 새로운 시각을 갖고, 새로운 시각은 궁극적으로 마음가짐의 변화, 생활 습관의 변화, 일하는 방식의 변화를 끌어낸다는 것을 체험했다.

안철수 고수는 이런 소신으로 책을 읽고 실천했다. 잘 알려진 대로 그는 독서로 바둑과 컴퓨터를 배웠고, 컴퓨터 바이러스 백신도 개발했다. 그는 벤처기업 CEO 시절 경영 경험이 없었지만, 독서로 얻은 경영 지식을 실천해 '안랩(AhnLab)'을 국내 최고의 보안 업체로 키워냈다.

이어령 고수도 실천독서에 대한 소신이 있다. 책을 읽은 후의 생각과 행동이 읽기 전과 비교해 조금이라도 달라진 점이 없으면 독서가 아니라고 한다. 제대로 된 독서를 하면 독자에게 작은 혁명이 일어난다. 독서 후 변화가 없으면 킬링타임(Killing time)을 한 것에 불과하다.

이어령 고수의 실천은 남다르다. 그의 실천독서는 행동 실천을 넘어 생각 실천에 이른다. 그는 생각의 변화를 강조한다. 생각이 바뀌는 것도 실천의 결과다. 그는 계속 새로운 책을 읽으면서 그 영향으로 생각이 바뀐다고 한다. 그는 어떤 시를 읽고 나면 그다음 날 해가 뜨는 게 달리 보일 정도가 되어야 한다고 말한다.

실천력도 기술이기 때문에 연습하면 된다

우리는 매일 새로운 목표를 정하고, 새로운 계획을 세우고, 새로운 결심을 한다. 그러나 그것들이 허사로 돌아가는 경우가 흔하다. 왜 그럴까? 답은 실천력이 부족하기 때문이다. 그런데 사람들은 실천력이 부족한 것은 의지가 약하기 때문이라고 알고 있다. 실천하고자 하는 의지가 없거나 약하기 때문에 실천을 못 한다는 것이다. 또, 의지력은 타고난다고 잘못 알고 있다. 그러면서 무엇을 실천하지 못하면 '나는 원래 의지가 약해서 그래!'라고 자책만 한다. 절대 그럴 필요 없다. 실행력은 재능이나 의지력과는 무관하기 때문이다. 실행력은 타고난 자질도 아닐뿐더러 의지력과도 관련이 없다. 심리학 박사 이민규 교수는 《실행이 답이다》에서 "실행력은 타고난 자질이 아니라 배우고 연습하면 누구나 개발할 수 있는 일종의 기술(skill)이다"라고 했다. 그러면서 이민규 박사는 실천 노하우를 공부하면 된다며 이를 '생각을 행동으로 쉽게 옮기게 해주는 지렛대'라고 표현했다. 그 지렛대는 3단계로 구성돼 있다. 즉 '결심-실천-유지'다. 1단계 결심은 원하는 것이 무엇인지 목적을 명확하게 결정하는 것이고, 2단계 실천은 즉시 행동으로 옮기는 것이며, 3단계 유지는 끝까지 포기하지 말고 지속하는 것이다. 이를 잘 배우고 연습하면 실천력을 높일 수 있다.

실천독서도 실천력의 문제다. 여러분은 '책 읽기도 어려운 데 무슨 실천이냐?'라고 반문할지 모른다. 거듭 강조하지만 실천하지 않는 독서는 좋은 독서가 아니다. 한 페이지를 읽어도 좋다. 그 읽은 한 페이지를 실천하면 훌륭한 독서다. 앞에서 실천력은 재능이나 의지력이 아니라고 했다. 연습하면 실천력을 기를 수 있다. 오늘 한 페이지 읽은 것을 실천하고 다음에 또 실천하고 이렇게 실천을 연습하면 자연스럽게 실천독서가 몸에 배게 된다. 그러면 된 것이다.

그럼 실천독서 노하우를 소개한다. 우선 책 읽기를 마치면 책을 덮고 잠시 자신에게 이렇게 물어본다. 첫째, 왜 이 책을 읽기로 했나? 둘째, 이 책을 읽고 얻은 게 무엇인가? 셋째, 얻은 걸 어떻게 활용할 것인가? 그런 다음 책을 다시 펴서 흔적을 남긴 것을 중심으로 천천히 훑어본다. 그리고 당장 실천할 수 있는 작은 일, 즉 너무 간단해 도저히 실천하지 않을 수 없는 아주 작은 일 한 가지를 찾는다. 그것을 오늘 자정이 넘기 전에 반드시 실천에 옮긴다. 어떤가? 이 정도면 여러분도 충분히 할 수 있다는 생각이 들지 않은가?

작은 실천이 변화를 이끈다

실천독서의 가치는 작은 실천이 변화를 이끈다는 데 있다. 아무리 위대한 것도 작은 것에서 시작된다. 독서도 마찬가지다. 독서로 인생을 위대하게 바꾼 독서가들도 작은 실천부터 시작했다. 그러니 작은 것이라고 만만히 볼 것이 아니다. 여러분도 아주 작은 것부터 실천해 보길 바란다. 여러분의 이해를 돕기 위해 필자의 작은 실천 사례 하나를 소개한다.

필자가 팀 페리스가 쓴 《타이탄의 도구들》을 읽고 실천한 사례다. 이 책은 저자가 자기 분야에서 최고 정상에 오른 61명을 직접 만나 그들로부터 뽑아낸 성공 비결을 담고 있다. 저자는 이들을 거인이라는 뜻의 타이탄(titan)이라 부르고, 그들의 성공 비결을 도구(tools)라고 했다. 그래서 책 제목이 《타이탄의 도구들》이다. 필자는 이 책에서 '승리하는 아침을 만드는 5가지 의식'을 읽고 실천했다.

필자는 이 책을 읽기 전엔 생활 방식이 야간형이었다. 밤에는 책을 읽거나 영화를 보고 오전에 잠을 잤다. 그러다 보니 생활은 물론이고 건강에도 좋지 않았다. 이런 상황에서 《타이탄의 도구들》을 읽었다. 이 책에서 타이탄들은 아침 일찍 일어나서 5가지 의식을 치른다고 했다. 그러면 이 의식이 삶에 강력한 영향력을 끼친단다.

타이탄들이 아침에 일어나자마자 치르는 5가지 의식은 다음과 같다. ① 3분 동안 잠자리를 정리한다. ② 10~20분 동안 명상을 한다. ③ 1분 동안 한 동작(예를 들면 팔굽혀 펴기)을 5~10회 반복한다. ④ 2~3분 동안 차를 마신다. ⑤ 5~10분 동안 아침 일기를 쓴다.

필자는 아침 의식 5가지를 실천했다. 우선 일찍 자고 일찍 일어나는 것부터 실천했다. 하지만 잘되지 않았다. 아침형 인간으로 고치는 데 2주 넘게 걸렸다. 그리고 아침 의식 5가지를 실천했다. 책에서 소개하는 방법을 필자에게 맞게 조금 변형시켰다. 두 번째는 명상 대신 묵상 기도로 바꾸고, 세 번째는 5분 동안 누워서 '발끝 부딪치기', 네 번째는 차 대신 우유를 마시고, 다섯 번째는 감사 일기를 썼다. 이렇게 아침 의식을 습관화하자 생활 방식이 바뀌면서 책을 읽고 글을 쓰는 데 도움이 되었다. 건강도 이전보다 좋아졌다. 필자는 작은 실천이 삶에 강력한 영향을 준다는 것을 체감했다.

읽은 것을 실천하되 너무 욕심 부리지 마라

실천은 욕심을 부리면 안 된다. 너무 많은 것을 실천하려고 하다가 하나도 못 하는 경우가 있다. 물론 다다익선(多多益善)이라고 많은 것을 실천하면 더할 나위 없이 좋다. 그러나 사람의 능력은 한계가 있으므로 그렇게 하기 어렵다. 실천독서는 다다익선보다 집중과 지속이 중요하다. 각자의 능력에 따라 다르겠지만, 한 권을 읽고 하나만 제대로 실천해도 성공이다. 너무 욕심을 내는 것은 금물이다.

그런 의미에서 필자는 박상배 작가의 《인생의 차이를 만드는 독서법 본깨적》에서 소개하는 방법을 선호한다. 책에서 본 것을(본) 깨닫고(깨)

적용하는(적) 것이 '본깨적' 독서법이다. 필자는 이런 방법이 실천하기 쉬워 이 방법을 따른다. 욕심내지 않고 내가 꼭 적용해야 할 것을 몇 개만 골라 실천한다. 필자의 경험으로 보아 책에서 보고 느낀 걸 모두 실천하려 하면 성공할 가능성이 낮아진다. 독서 목적과 본인의 능력을 고려해 실천 가능한 과제를 골라야 한다.

구체적인 방법은 이렇다. 책을 읽으면서 보고 깨달아 적용할 것(본깨적)을 책 여백에 메모해 둔다. 책을 다 읽은 다음 메모한 '본깨적'을 한 장에 옮겨 적는다. 그리고 독서 목적을 고려해 '본깨적'에 우선순위를 부여한다. 그 우선순위가 실천 과제 목록이 되고, 그 목록에 따라 실천한다. 그렇게 하면 대개 필자의 능력으로 보아 적게는 한두 개에서 많게는 서너 개 정도 실천하게 된다.

실천 독서에서 하나 더 중요한 게 있다. 인간은 망각의 동물이라 했다. 읽은 내용을 실천하는 것도 시간이 지나면 잊어버린다. 그렇게 되면 실천이 중단된다. 그러므로 실천 과제 목록을 만들어 수시로 점검할 필요가 있다. 필자는 따로 바인더 형 실천 과제 노트를 만들어 활용한다. 그 바인더에 책을 한 권씩 읽을 때마다 실천 과제 목록을 추가해 끼워 넣는다. 그리고 수시로 그 목록을 보고 실천 여부를 점검한다. 그렇게 하면 내가 변화될 때까지 지속할 수 있다.

앞에서 설명했듯 실천은 타고난 재능도 아니고 또 의지와도 관련이 없다. 실천은 기술이기 때문에 한두 번 실천하다 보면 노하우를 체득하게 된다. 어렵게 생각하지 말고 일단 시도해 보는 것이 중요하다. 작심

삼일이 되어도 좋다. 작심삼일도 안 한 것보다 낫다. 또 하루도 빠짐없이 실천하겠다는 완벽주의도 좋지 않다. 하다 보면 못하는 날도 있을 수 있다. 너무 완벽을 추구하려고 하면 실천이 어려워진다. 그리고 처음부터 대단한 것을 기대하지 말자. 사소한 것부터 실천해 보자. 읽으면 하나라도 실천해 보길 바란다. 그러면 놀랍게도 변화를 느낄 수 있을 것이다.

인생에서 지금이 가장 빠를 때다

필자는 이런 후회를 가끔 했다.

"좀 더 일찍 책을 읽었더라면 …!"

하지만 지나간 시간은 되돌릴 수 없는 게 인생이다. 후회해도 소용없다. 인생에서 가장 빠를 때란 바로 지금이다. 그렇다. 아직 못한 것을 지금 바로 시작하면 그것이 인생에서 가장 빠를 때다.

그런 면에서 필자는 운이 좋았다. 책을 읽지 못한 것을 깨닫자마자 바로 책을 읽기 시작했으니 말이다. 비록 육십 가까운 나이에 읽기를 시작했지만, 필자는 그때가 가장 빠른 시기라고 생각한다. 그동안 읽지 않은 것을 어떻게 하겠는가? 그것을 되돌릴 방법은 없다. 하지만 보상할 방법은 있다. 시작하면서부터 더 열심히 치열하게 읽으면 된다. 필자는 그런 마음으로 치열하게 읽었다. '늦게 배운 도둑이 날 새는 줄 모른다'는 속담처럼 필자는 날 새는 줄 몰랐다. 그 결과 이렇게 두 번째 책까지 쓰게 되었다.

당신은 어떤가? 혹시 후회만 하고 있지 않은가? 그렇다면 인생에서 가장 빠를 때를 택하라. 바로 지금. 지금 바로 읽기를 시작해 보라. 인생에서 너무 늦을 때란 없다. 실행하기 가장 좋은 날은 오늘이고, 실행하기 가장 좋은 시간은 바로 지금이다. 당신에게 오늘이 가장 빠른 날이고, 지금이 가장 빠른 시간이다. 그리고 늦은 만큼 더욱 치열하게 읽어보라. 그러면 결코 늦은 것이 아니리라!

사람마다 책을 읽지 못하는 이유는 다양하다. 그중에서 가장 많이 내세우는 이유가 시간 부족이다. 시간이 없어 책을 못 읽는다는 것이다. 이런 이유는 핑계에 불과하다. 시간은 누구에게나 있다. 어떻게 생각하느냐에 따라 다르다. 그것은 시간 사용의 우선순위를 어디에 두느냐의 문제다. 독서가였던 나폴레옹은 책 읽을 시간 때문에 다른 일을 할 시간이 없었다. 당신도 독서에 우선순위를 두어보라. 그러면 책 읽을 시간이 생긴다. 그러니 시간이 없어 책을 읽지 못한다는 말은 하지 말자. 책 읽을 시간이 없다는 것은 책 읽을 마음이 없다는 것과 같다. 당신이 만일 시간 날 때를 기다린다면 평생 책 읽을 시간이 오지 않을지도 모른다.

왜 읽어야 하고, 어떻게 읽어야 하는지는 이미 알았다. 이제 결단만 남았다. 마음의 준비를 단단히 하고 읽기를 시작하라. 성공 여부는 당신 마음 자세에 달렸다. 마음 자세는 문을 여는 열쇠가 될 수 있고, 문을 잠가버리는 자물쇠가 될 수 있다. 마음 자세라는 열쇠로 문을 활짝 열고 독서의 세계로 들어가 보라. 거기에는 당신이 경험하지 못한 세계가 있다.

참고도서

1. 《책 읽는 뇌》매리언 울프 지음, 이희수 옮김, 살림출판사, 2013.

2. 《왜 책을 읽는가》샤를 단치 지음, 임명주 옮김, 이루, 2013.

3. 《독서의 발견》유영만 지음, 카모마일북스, 2018.

4. 《어떻게 읽을 것인가》고영성 지음, 마스트북스, 2015.

5. 《교양인의 책 읽기》헤럴드 블룸 지음, 최용훈 옮김, 해바라기, 2004.

6. 《나는 이런 책을 읽어 왔다》다치바나 다카시 지음, 이언숙 옮김, 청어람미디어, 2011.

7. 《어느 책 읽는 사람의 이력서》마르틴 발저 지음, 안인길 옮김, 미래의창, 2002.

8. 《새로운 인생》오르한 파묵 지음, 이난아 옮김, 민음사, 2006.

9. 《책만 보는 바보》안소영 지음, 보림출판사, 2009.

10. 《종이책 읽기를 권함》김무곤 지음, 더숲, 2011.

11. 《독서》김열규 지음, 비아북, 2008.

12. 《인문학 콘서트》고미숙 외 지음, 이숲, 2010.

13. 《피가 되고 살이 되는 500권, 피도 살도 안 되는 100권》다치바나 다카시 지음, 박성관 옮김, 청어람미디어, 2008.

14. 《닥치는 대로 끌리는 대로 오직 재미있게 이동진 독서법》이동진 지음, 위즈덤하우스, 2017.

15. 《시골의사 박경철의 자기혁명》박경철 지음, 리더스북, 2011.

16. 《공병호의 자기경영노트》공병호 지음, 21세기북스, 2001.

17. 《핵심만 골 읽는 실용독서의 기술》공병호 지음, 21세기북스, 2004.

18. 《공병호의 공부법》공병호 지음, 21세기북스, 2012.

19. 《리더의 서재에서》윤승용 지음, 21세기북스, 2015.

20.《책, 세상을 탐하다》성석제, 장영희, 정호승 지음, 평단문화사, 2008.

21.《80/20법칙》리처드 코치 지음, 공병호 옮김, 21세기북스, 2018.

22.《책은 도끼다》박웅현 지음, 북하우스, 2011.

23.《책은 다시 도끼다》박웅현 지음, 북하우스, 2016.

24.《변신》프란츠 카프카 지음, 전영애 옮김, 민음사, 1998.

25.《광장》최인훈 지음, 문학과지성사, 2014.

26.《김용택의 어머니》김용택 지음, 문학동네, 2012.

27.《나는 참 늦복 터졌다》이은영 지음, 김용택 엮음, 푸른숲, 2014.

28.《뭘 써요, 뭘 쓰라고요?》김용택 지음, 한솔수북, 2013.

29.《자연을 사랑한 최재천》최재천 지음, 리젬, 2014.

30.《생각의 탐험》최재천 지음, 움직이는서재, 2016.

31.《과학자의 서재》최재천 지음, 움직이는서재 ,2015.

32.《통섭의 식탁》최재천 지음, 움직이는서재, 2015.

33.《책벌레소년 안철수, 세상의 리더가 되다》이채윤 지음, 스코프, 2012.

34.《CEO 안철수, 영혼이 있는 승부》안철수 지음, 김영사, 2001.

35.《행복 바이러스 안철수》안철수 지음, 리젬, 2009.

36.《CEO 안철수, 지금 우리에게 필요한 것은》안철수 지음, 김영사, 2004.

37.《네 꿈에 미쳐라》김상훈 지음, 엠에스디미디어, 2007.

38.《서른 살 직장인, 책읽기를 배우다》구본준, 김미영 지음, 위즈덤하우스, 2009.

39.《지성에서 영성으로》이어령 지음, 열림원, 2013.

40.《무엇을 위해 살 것인가》윌리엄 데이먼 지음, 정창우, 한혜민 옮김, 한국경제신문, 2012.

41.《소크라테스처럼 읽어라》오준호 지음, 미지북스, 2012.

42.《독서의 기술》모티머 J.애들러 외 지음, 민병덕 옮김, 범우사, 1993.

43. 《생각을 넓혀주는 독서법》모티머 J. 애들러,찰스 밴 도렌 지음, 독고 앤 옮김, 멘토, 2012.

44. 《아버지가 아들에게 보내는 편지》필립 체스터필드 지음, 손영준 옮김, 국민출판사, 2006.

45. 《책 읽는 책》박민영 지음, 지식의숲, 2010.

46. 《생각 읽는 독서의 힘》김지연 지음, 다음생각, 2016.

47. 《지하철 독서의 힘》안수현 지음, 밥북, 2017.

48. 《독서의 역사》알베르토 망구엘 지음, 정명진 옮김, 세종서적, 2016.

49. 《기적의 메모술》이케다 요시히로 지음, 김진아 옮김, 라의눈, 2019.

50. 《파란펜 공부법》아이카와 히데키 지음, 이연승 옮김, 쌤앤파커스, 2015.

51. 《3색 볼펜 읽기 공부법》사이토 다카시 지음, 류두진 옮김, 중앙북스, 2016.

52. 《인생의 차이를 만드는 독서법 본깨적》박상배 지음, 위즈덤하우스, 2014.

53. 《실행이 답이다》이민규 지음, 더난출판사, 2011.

54. 《타이탄의 도구들》팀 페리스 지음, 박선령 외 옮김, 토네이도, 2017.

55. 《책과 사람이 만나는 곳 동네서점》다구치 미키토 지음, 홍성민 옮김, 펄북스, 2016.

56. 《책은 망치다》황민규 지음, 미디어숲, 2018.

57. 《내가 읽은 책이 곧 나의 우주다》장석주 지음, 샘터사, 2015.